Impressum
Verlag: BABADADA GmbH, Nedderfeld 112 , 22529 Hamburg
Geschäftsführer / Verlagsleitung: Harald Hof
Druck: Books on Demand GmbH, In de Tarpen 42, 22848 Norderstedt

Imprint
Publisher: BABADADA GmbH, Nedderfeld 112 , 22529 Hamburg, Germany
Managing Director / Publishing direction: Harald Hof
Print: Books on Demand GmbH, In de Tarpen 42, 22848 Norderstedt, Germany

# de School
## skola

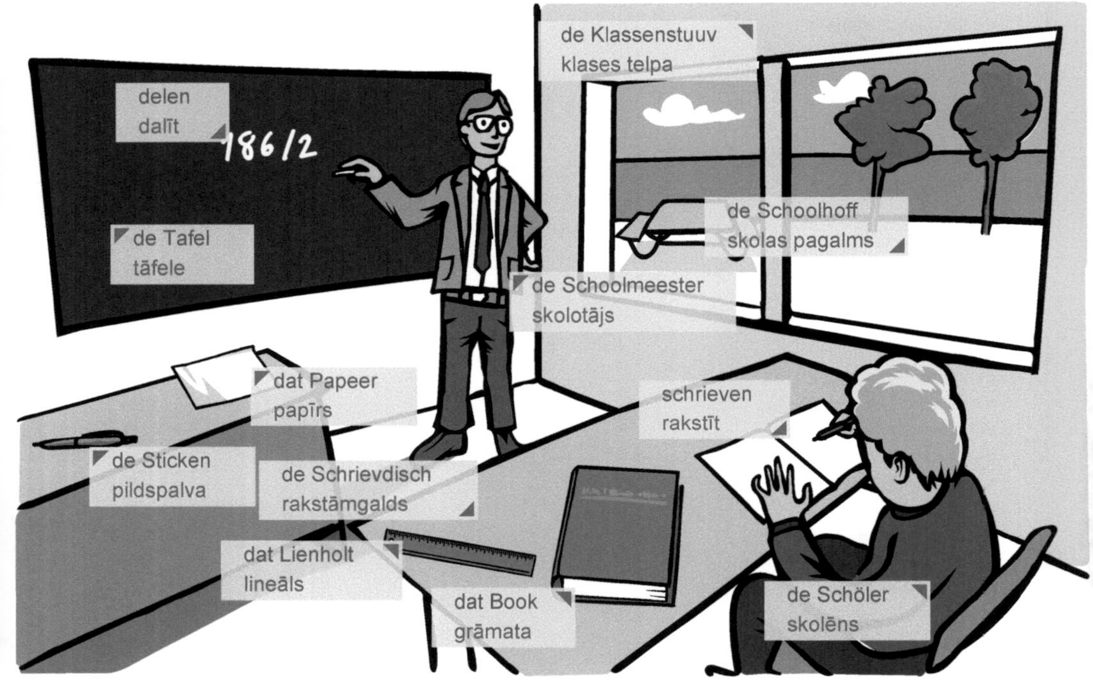

de Klassenstuuv
klases telpa
delen
dalīt
186/2
de Tafel
tāfele
de Schoolhoff
skolas pagalms
de Schoolmeester
skolotājs
dat Papeer
papīrs
schrieven
rakstīt
de Sticken
pildspalva
de Schrievdisch
rakstāmgalds
dat Lienholt
lineāls
dat Book
grāmata
de Schöler
skolēns


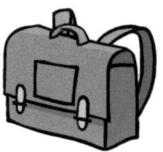

de Ranzel

skolas soma

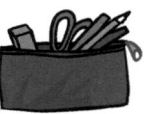

de Feddermapp

penālis

de Bleesticken

zīmulis

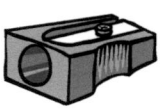

de Scharpmaker

zīmuļu asināmais

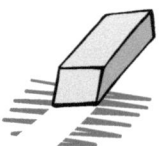

dat Radeergummi

dzēšgumija

de Tekenblock

zīmēšanas bloks

de Teken

zīmējums

de Pinsel

ota

de Malkassen

krāsas

de Scheer

šķēres

de Klever

līme

dat Heft to'n Öven

darba burtnīca

de Huusopgaav

mājas darbs

de Tall

skaitlis

tohooptellen

saskaitīt

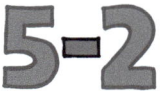

aftrecken

atņemt

malnehmen

reizināt

reken

rēķināt

de Bookstaav

burts

ABCDEFG
HIJKLMN
OPQRSTU
VWXYZ

dat ABC

alfabēts

hello

dat Woort

vārds

de Text

teksts

lesen

lasīt

de Kried

krīts

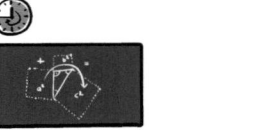

de Stunn

mācību stunda

dat Klassenbook

žurnāls

de Pröven

eksāmens

dat Tüügnis

liecība

de Schooluniform

skolas forma

de Utbillen

izglītība

dat Nakieksel

enciklopēdija

de Universität

universitāte

dat Mikroskop

mikroskops

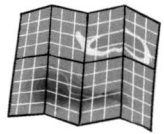

de Koort

karte

de Papeerkorf

papīrgrozs

de School - skola

# de Törn

## ceļojums

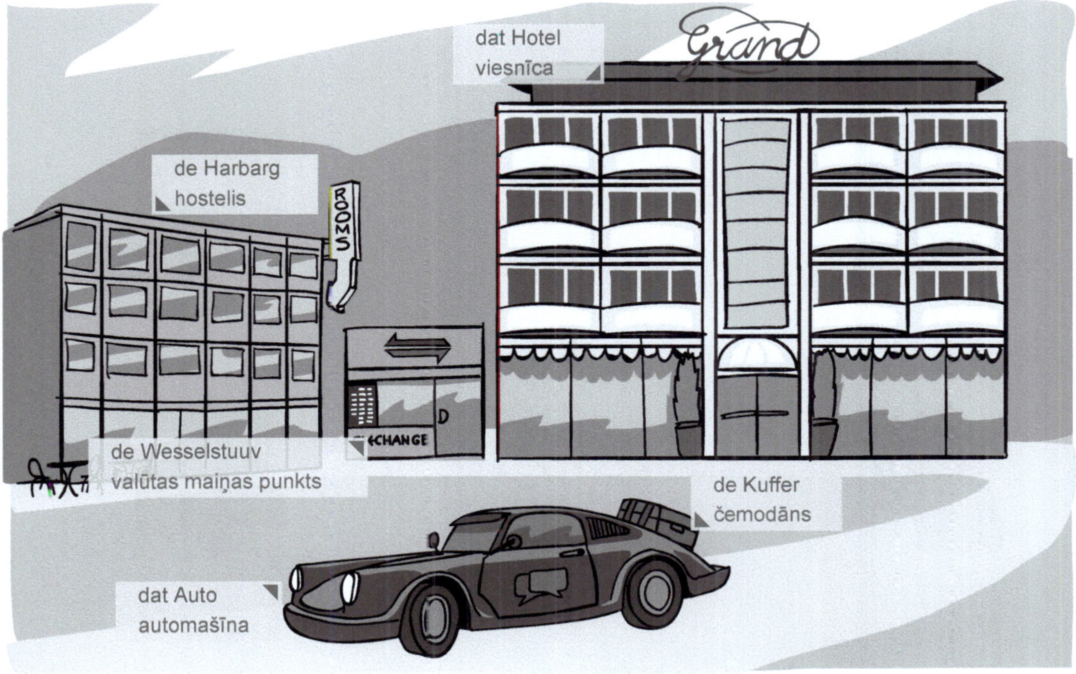

Grand
dat Hotel
viesnīca
de Harbarg
hostelis
ROOMS
de Wesselstuuv
valūtas maiņas punkts
EXCHANGE
de Kuffer
čemodāns
dat Auto
automašīna

de Spraak

Valoda

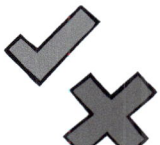

jo / ne

jā / nē

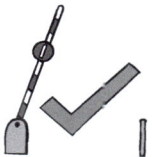

Jo

Okay

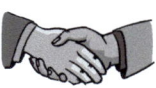

Moin

Sveiki!

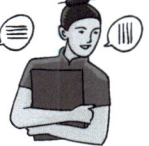

de Översetter

tulks

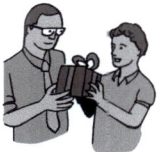

Dank ok

paldies

Wat kost…?
Cik maksā…?

Ik verstah nich
Es nesaprotu

dat Problem
problēma

Goden Avend
Labvakar!

Moin!
Labrīt!

Gode Nacht!
Ar labu nakti!

Tschüüs
Uz redzēšanos

de Richt
virziens

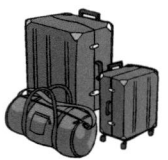

de Bagaasch
bagāža

de Tasch
soma

de Rüchsack
mugursoma

de Gast
viesis

de Stuuv
istaba

de Slaapsack
guļammaiss

dat Telt
telts

de Touristeninformatschoon
tūrisma informācija

de Strand
pludmale

de Kreditkoort
kredītkarte

dat Fröhstück
brokastis

dat Meddageten
pusdienas

dat Avendeten
vakariņas

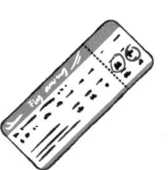

de Fohrkort
biļete

de Fohrstohl
lifts

de Breefmark
pastmarka

de Grenz
robeža

de Toll
muita

de Bottschop
vēstniecība

dat Visum
vīza

de Pass
pase

# de Transport
# transports

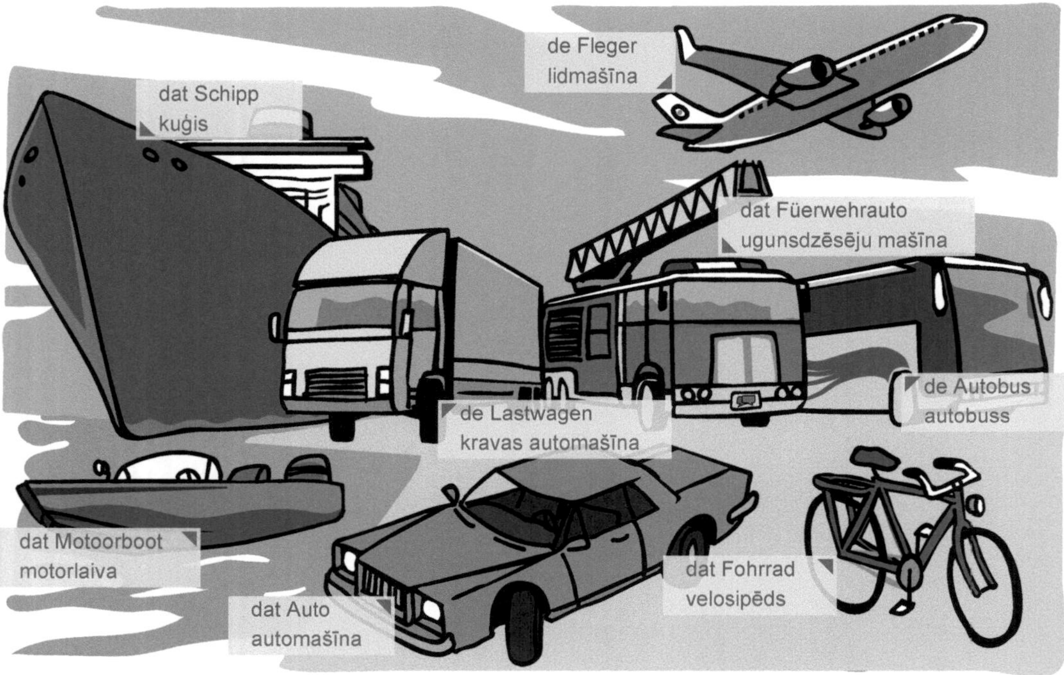
de Fleger
lidmašīna
dat Schipp
kuģis
dat Füerwehrauto
ugunsdzēsēju mašīna
de Autobus
autobuss
de Lastwagen
kravas automašīna
dat Motoorboot
motorlaiva
dat Fohrrad
velosipēds
dat Auto
automašīna

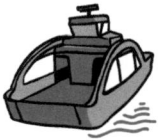

de Fähr

prāmis

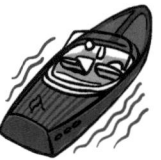

dat Boot

laiva

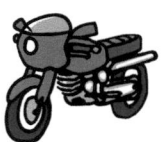

dat Motoorrad

motocikls

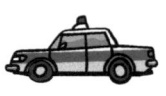

dat Polizeiauto

policijas automašīna

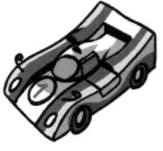

dat Rönnauto

sacīkšu automobilis

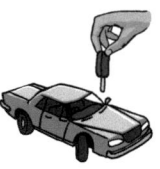

de Lehnwagen

nomas auto

dat Carsharing

auto koplietošana

de Afsleepwagen

evakuators

dat Müllauto

atkritumu mašīna

de Motoor

dzinējs

de Kraftstoff

benzīns

de Tanksteed

degvielas uzpildes stacija

dat Verkehrsschild

ceļa zīme

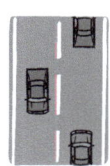

de Verkehr

satiksme

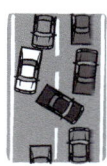

de Stau

sastrēgums

de Afstellplatz

stāvvieta

de Bahnhoff

dzelzceļa stacija

de Sporen

sliedes

de Tog

vilciens

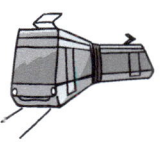

de Stratenbahn

tramvajs

de Wagon

vagons

de Dwarsmöhl

helikopters

de Flooghaven

lidosta

de Tower

tornis

de Fohrgast

pasažieris

de Grootkist

konteiners

de Karton

kaste

de Koor

ratiņi

de Korf

grozs

starten / lannen

pacelties / nosēsties

## de Stadt

## pilsēta

dat Dörp

ciems

de Binnenstadt

pilsētas centrs

dat Huus

māja

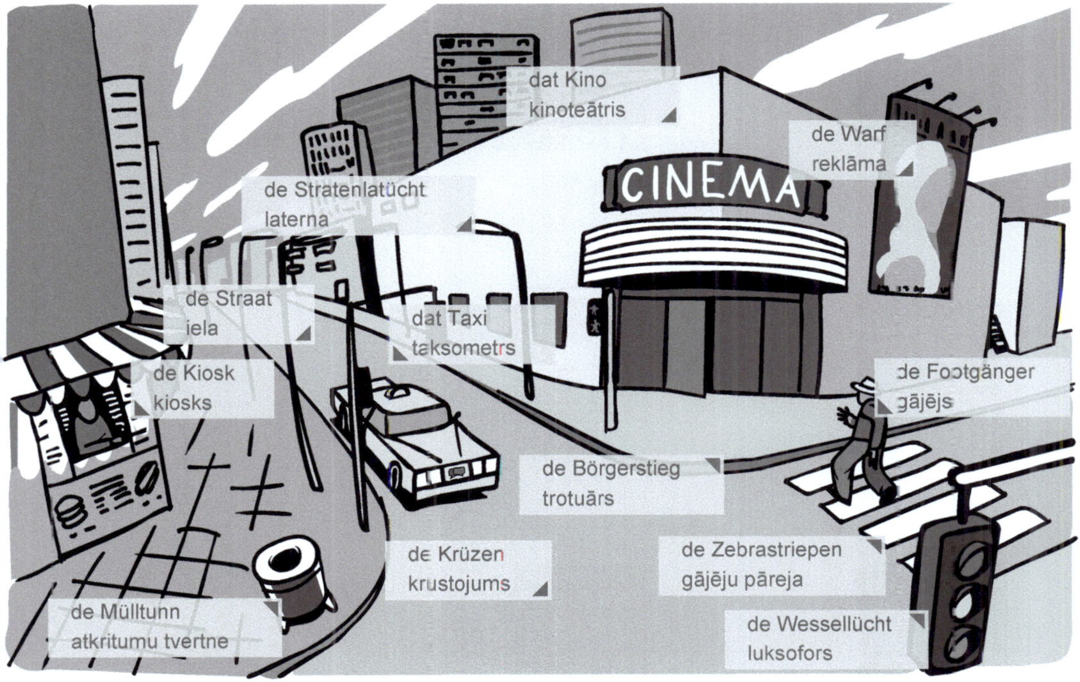

dat Kino
kinoteātris

de Warf
reklāma

de Stratenlatücht
laterna

CINEMA

de Straat
iela

dat Taxi
taksometrs

de Kiosk
kiosks

de Footgänger
gājējs

de Börgerstieg
trotuārs

de Krüzen
krustojums

de Zebrastriepen
gājēju pāreja

de Mülltunn
atkritumu tvertne

de Wessellücht
luksofors

de Hütt
................
būda

de Wahnung
................
dzīvoklis

de Bahnhoff
................
dzelzceļa stacija

dat Raathuus
................
rātsnams

dat Museum
................
muzejs

de School
................
skola

de Universität

universitāte

de Bank

banka

dat Krankenhuus

slimnīca

dat Hotel

viesnīca

de Afteek

aptieka

dat Büro

birojs

de Bookhökerie

grāmatnīca

de Hökerie

veikals

de Blomenhökerie

ziedu veikals

de Supermarkt

lielveikals

de Markt

tirgus

dat Koophuus

tirdzniecības centrs

de Fischhökerie

zivju tirgotājs

dat Inkoopszentrum

tirdzniecības centrs

de Haven

osta

de Parkanlaag

parks

de Bank

sols

de Brüch

tilts

de Trepp

käpnes

de Ünnergrundbahn

metro

de Tunnel

tunelis

de Busstoppsteed

autobusa pieturvieta

de Bar

bārs

dat Spieslokal

restorāns

de Breefkassen

pastkastīte

dat Stratenschild

ielas nosaukuma plāksne

de Parkklock

stāvlaika skaitītājs

de Deertenpark

zooloģiskais dārzs

de Baadanstalt

peldbaseins

de Moschee

mošeja

de Buernhoff

zemnieku saimniecība

de Ümweltversmudden

vides piesārņojums

de Karkhoff

kapsēta

de Kark

baznīca

de Speelplatz

spēļu laukums

de Tempel

templis

# de Landschop

## ainava

dat Blatt
lapa

de Wiespahl
ceļrādis

de Weg
ceļš

de Wisch
pļava

de Steen
akmens

de Wannerer
ceļotājs

de Boom
koks

de Fluss
upe

dat Gras
zāle

de Bloom
puķe

dat Daal
ieleja

de Barg
kalns

de See
ezers

dat Holt
mežs

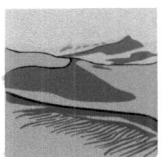

de Wööst
tuksnesis

de Füerspien Barg
vulkāns

dat Slott
pils

de Regenbagen
varavīksne

de Poggenstohl
sēne

de Palm
palma

de Steekmück
moskīts

de Fleeg
muša

de Miegeemk
skudra

de Imm
bite

de Spin
zirneklis

de Sebber

vabole

de Pogg

varde

de Katteker

vāvere

de Swienegel

ezis

de Haas

zaķis

de Uul

pūce

de Vagel

putns

de Swaan

gulbis

dat Wildswien

meža cūka

de Hirsch

briedis

de Elk

alnis

de Staudamm

aizsprosts

dat Windrad

vēja ģenerators

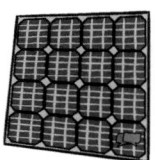

dat Solarmodul

saules baterija

dat Klima

klimats

de Landschop - ainava

# dat Spieslokal
# restorāns

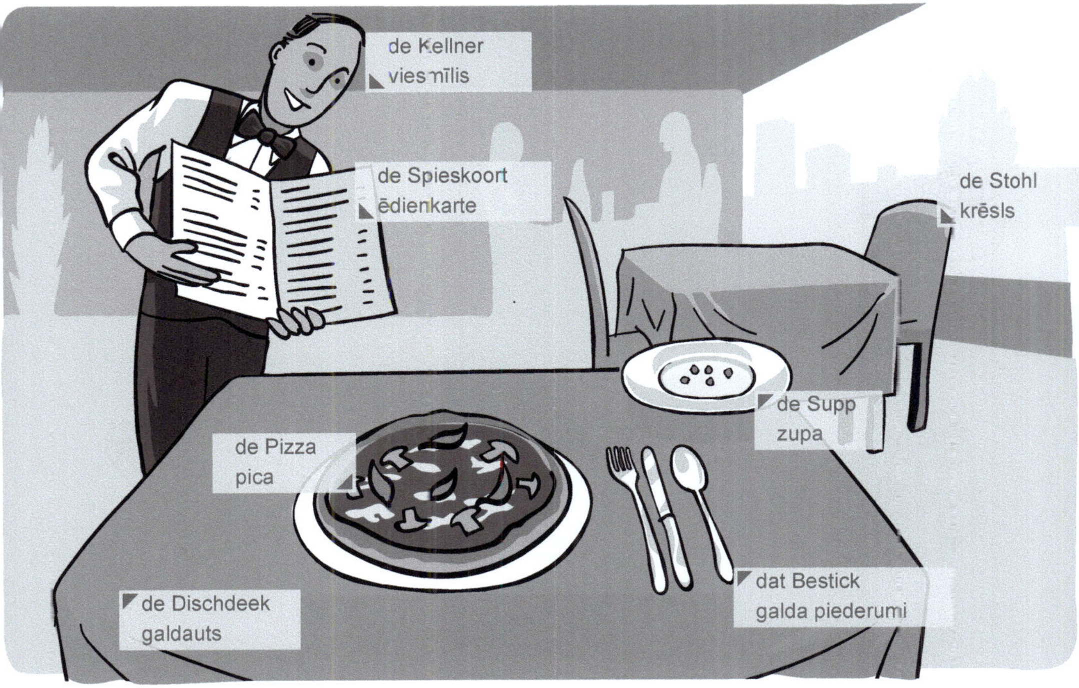
de Kellner
viesmīlis
de Spieskoort
ēdienkarte
de Stohl
krēsls
de Supp
zupa
de Pizza
pica
dat Bestick
galda piederumi
de Dischdeek
galdauts

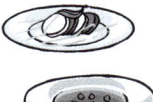

de Vörspies

uzkoda

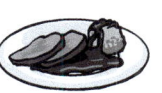

dat Haupteten

pamatēdiens

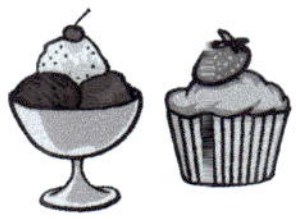

de Nadisch

deserts

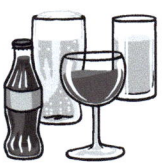

de Drünk

dzērieni

dat Eten

ēdiens

de Buddel

pudele

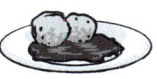

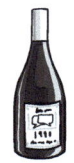

dat Fastfood

ātrās uzkodas

dat Strateneten

ielu uzkodas

de Teekann

tējkanna

de Zuckerdoos

cukurtrauks

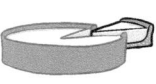

de Portschoon

porcija

de Espressomaschien

espresso kafijas automāts

de Hoochstohl

bāra krēsls

de Reken

rēķins

dat Tablett

paplāte

dat Mess

nazis

de Gavel

dakša

de Lepel

karote

de Teelepel

tējkarote

dat Munddook

salvete

dat Glas

glāze

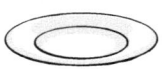

de Töller

škīvis

de Suppentöller

zupas šķīvis

de Ünnertass

apakštase

de Sooß

mērce

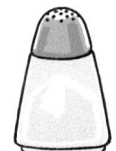

de Soltstreuer

sāls traucin̦š

de Pepermöhl

piparu dzirnaviņas

de Etig

etiķis

dat Ööl

ella

de Krüder

garšvielas

de Ketchup

kečups

de Mostrich

sinepes

de Mayonnaise

majonēze

# de Supermarkt
## lielveikals

dat Anbott
piedāvājums
FOR
de Kunn
klients
de Melkprodukten
piena produkti
dat Aaft
augļi
de Inkoopswagen
iepirkumu ratiņi


BUTCHERS


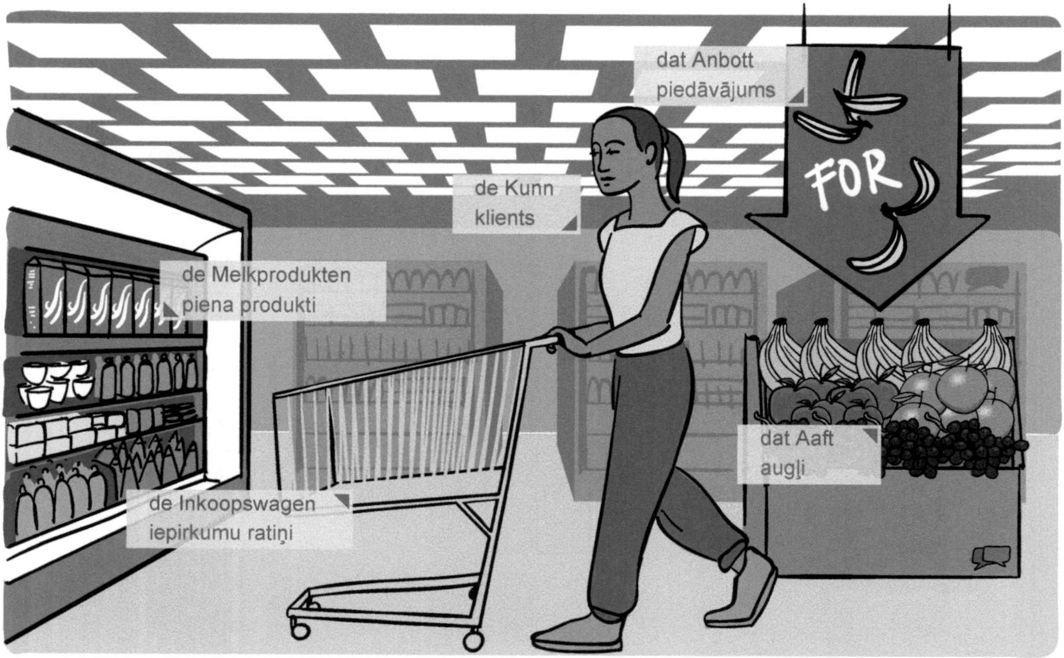

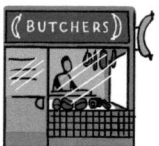

de Slachterie

kautuve

BAKERY


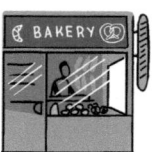

de Bäckerie

maizes veikals

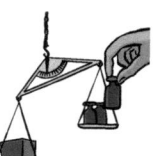

wegen

svērt

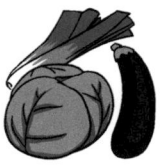

de Gröönsaken

dārzeņi

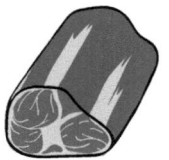

dat Fleesch

gaļa

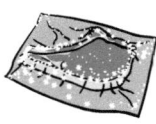

de Deepköhlkost

saldēti produkti

de Opsnitt

aukstās gaļas uzkodas

de Konserven

konservi

de Waschmiddel

pulveris

de Snoopkraam

saldumi

de Huushooltssaken

mājsaimniecības preces

de Reinmaaktüüch

tīrīšanas līdzeklis

de Verköpersche

pārdevēja

de Kass

kase

de Kasserer

kasieris

de Inkoopslist

iepirkumu saraksts

de Opsparrtieden

darba laiks

de Breeftasch

maks

de Kreditkoort

kredītkarte

de Tasch

soma

de Plastiktüüt

maisiņš

dat Water

ūdens

de Saft

sula

de Melk

piens

de Cola

kola

de Wien

vīns

dat Beer

alus

de Spriet

alkohols

de Kakao

kakao

de Tee

tēja

de Koffie

kafija

de Espresso

espresso

de Cappucino

kapučīno

de Banaan

banāns

de Appel

ābols

de Appelsien

apelsīns

de Meloon

melone

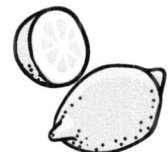

de Zitroon

citrons

de Wöttel

burkāns

de Knuuvlook

ķiploks

de Bambus

bambuss

de Zibbel

sīpols

de Poggenstohl

sēne

de Nööt

rieksti

de Nudeln

makaroni

de Spaghetti

spageti

de Ries

rīsi

de Salat

salāti

de Pommes frites

frī kartupeļi

de Braadkantüffeln

cepti kartupeļi

de Pizza

pica

de Hamborger

hamburgers

dat Sandwich

sviestmaize

dat Snitzel

šnicele

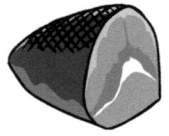

de Schinken

šķiņķis

de Salami

salami

de Wust

desa

dat Hohn

vista

de Braden

cepetis

de Fisch

zivs

de Haverflocken

auzu pārslas

dat Müsli

muslis

de Cornflakes

brokastu pārslas

dat Mehl

milti

de Croissant

radziņš

dat Rundstück

brokastu maizītes

dat Broot

maize

dat Toast

tostermaize

de Keksen

cepumi

de Botter

sviests

de Quark

biezpiens

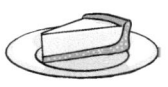

de Koken

kūka

dat Ei

ola

dat Spegelei

cepta ola

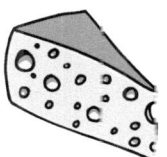

de Kees

siers

dat Eten - ēdiens

de Ies

saldējums

de Zucker

cukurs

de Honnig

medus

de Marmelaad

marmelāde

de Nougat-Creme

riekstu krēms

dat Curry

karijs

# de Buernhoff

## zemnieku saimniecība

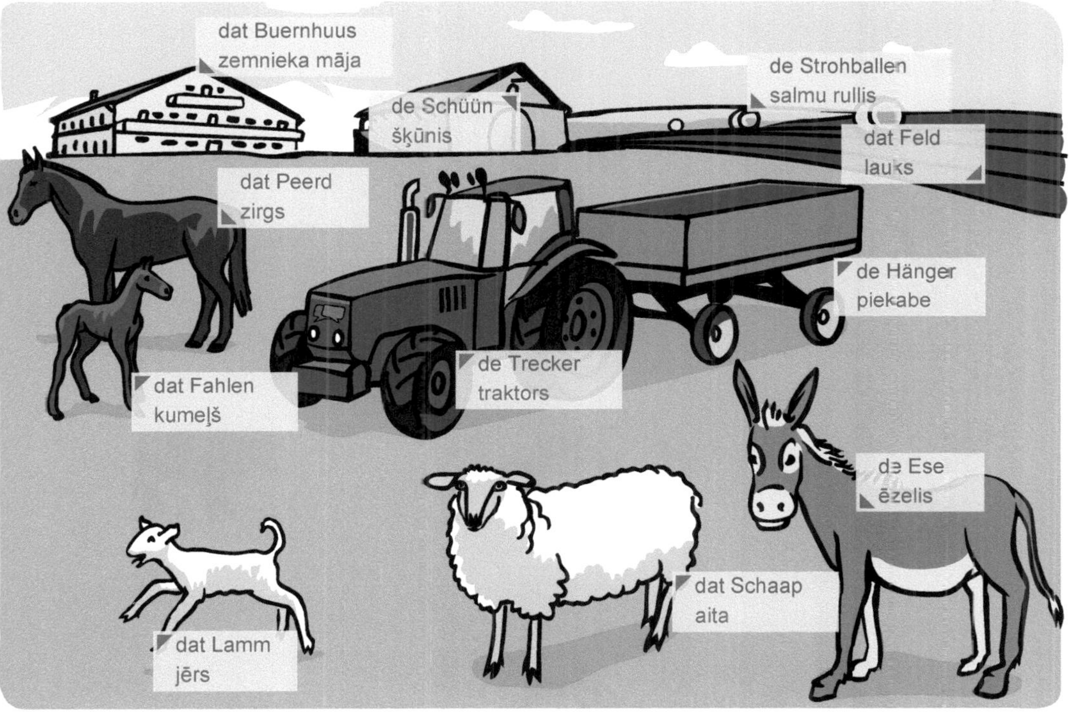
dat Buernhuus
zemnieka māja
de Schüün
šķūnis
de Strohballen
salmu rullis
dat Feld
lauks
dat Peerd
zirgs
de Hänger
piekabe
dat Fahlen
kumeļš
de Trecker
traktors
de Ese
ēzelis
dat Schaap
aita
dat Lamm
jērs

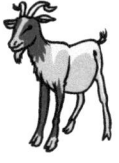

de Zeeg

kaza

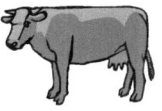

de Koh

govs

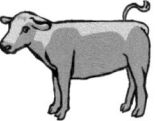

dat Kalf

teļš

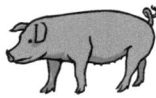

dat Swien

cūka

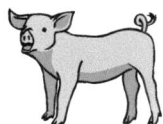

dat Farken

sivēns

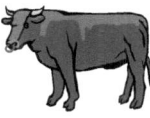

de Bull

bullis

de Goos

zoss

de Aant

pīle

dat Küken

cālis

dat Hohn

vista

de Hahn

gailis

de Rott

žurka

de Katt

kaķis

de Muus

pele

de Oss

vērsis

de Hund

suns

de Hunnenhütt

suņa būda

de Goornslauch

dārza šļūtene

de Geetkann

lejkanna

de Lee

izkapts

de Ploog

arkls

de Sich

sirpis

de Hack

kaplis

de Mestfork

mēslu dakša

de Ext

cirvis

de Schuufkoor

ķerra

de Trog

sile

de Melkkann

piena kanna

de Sack

maiss

de Tuun

žogs

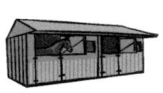

de Stall

kūts

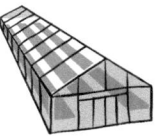

dat Drievhuus

siltumnīca

de Bodden

augsne

de Saat

sēklas

de Dünger

mēslojums

de Meihdòscher

kombains

oornen

novākt ražu

de Oorn

raža

de Yamswöttel

jamss

de Weten

kvieši

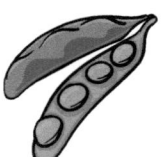

dat Soja

soja

de Kantüffel

kartupelis

de Törksche Weten

kukurūza

de Rapp

rapsis

de Aaftboom

augļu koks

de Troopsch Kantüffel

manioka

dat Koorn

labība

# dat Huus
## māja

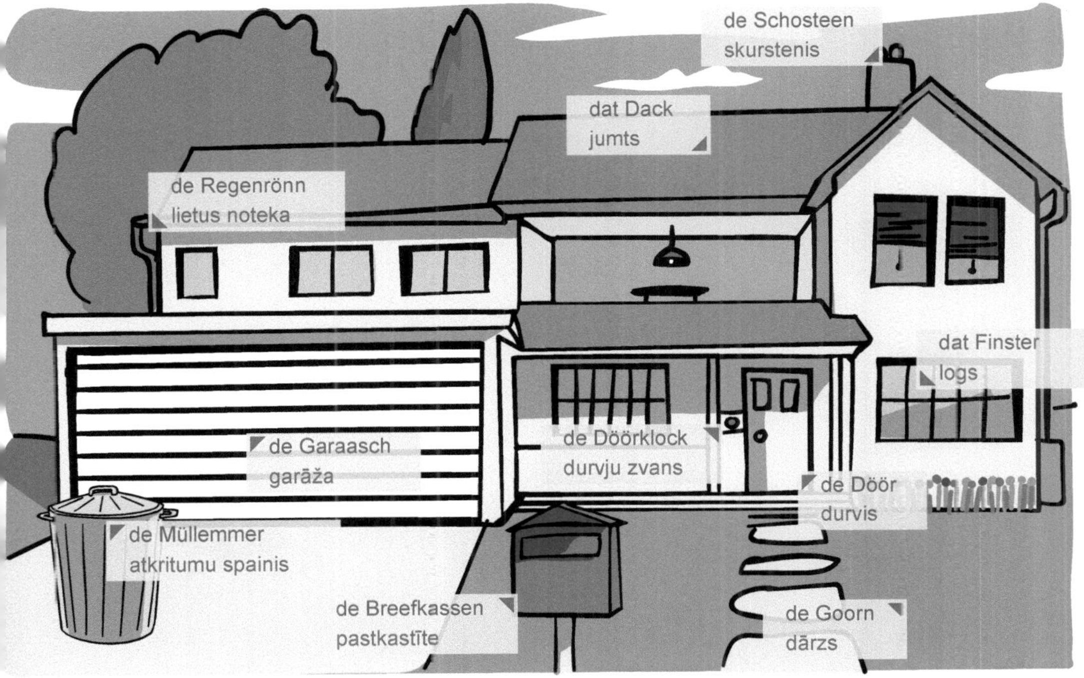

de Schosteen
skurstenis
dat Dack
jumts
de Regenrönn
lietus noteka
dat Finster
logs
de Garaasch
garāža
de Döörklock
durvju zvans
de Döör
durvis
de Müllemmer
atkritumu spainis
de Breefkassen
pastkastīte
de Goorn
dārzs


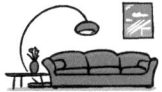

de Wahnstuuv
viesistaba

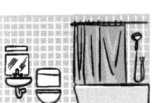

de Baadstuuv
vannas istaba

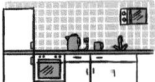

de Köök
virtuve

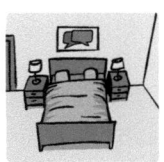

de Slaapstuuv
guļamistaba

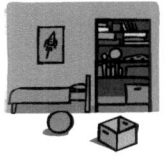

de Kinnerstuuv
bērnu istaba

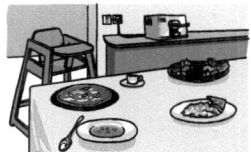

de Eetstuuv
ēdamistaba

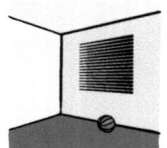

de Footbodden

grīda

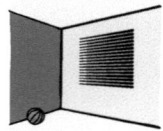

de Wand

siena

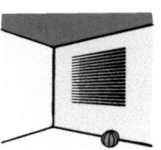

de Deek

griesti

de Keller

pagrabs

dat Hittluftbad

sauna

de Balkon

balkons

de Terrass

terase

dat Swümmbad

baseins

de Rasenmeiher

zāles plāvējs

de Bettbetog

gultas veļa

de Bettdeek

sega

de Puuch

gulta

de Bessen

slota

de Emmer

spainis

de Schalter

slēdzis

# de Wahnstuuv

## viesistaba

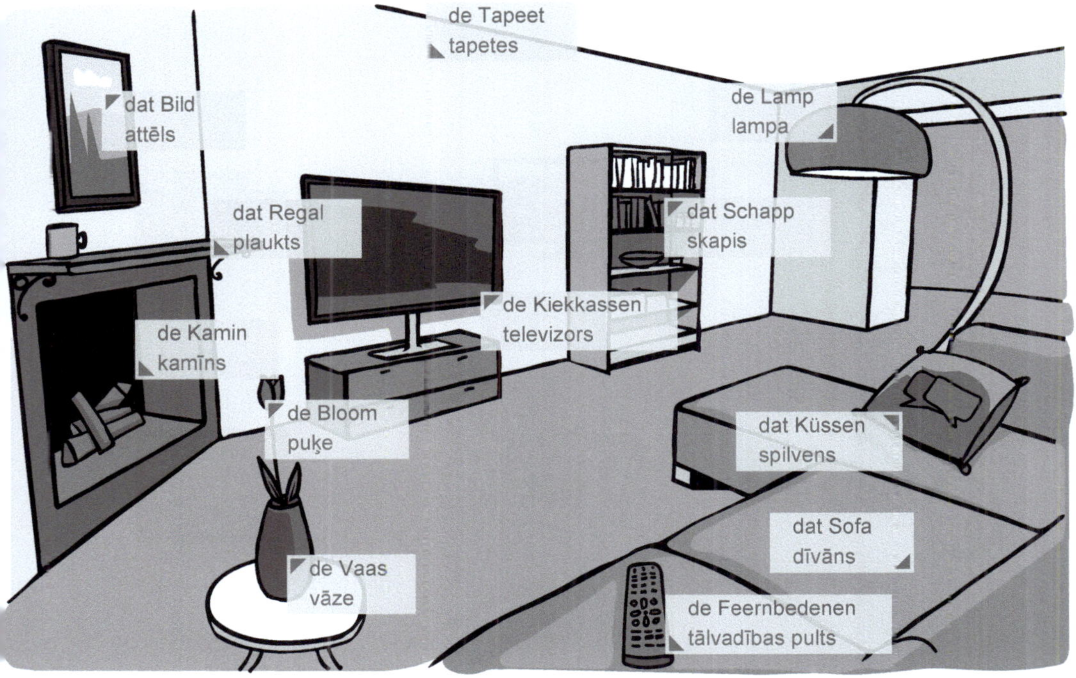

de Tapeet
tapetes
dat Bild
attēls
de Lamp
lampa
dat Regal
plaukts
dat Schapp
skapis
de Kiekkassen
televizors
de Kamin
kamīns
de Bloom
puķe
dat Küssen
spilvens
dat Sofa
dīvāns
de Vaas
vāze
de Feernbedenen
tālvadības pults


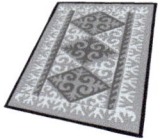

de Teppich

paklājs

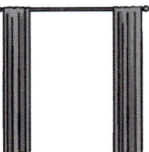

de Vörhang

aizkars

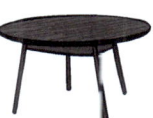

de Disch

galds

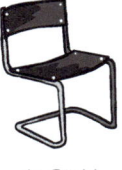

de Stohl

krēsls

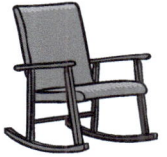

de Schuckelstohl

šūpuļkrēsls

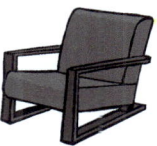

de Sessel

atpūtas krēsls

dat Book

grāmata

de Deek

sega

de Dekoratschoon

dekorācija

dat Füerholt

malka

de Film

filma

de Stereoanlaag

mūzikas centrs

de Slötel

atslēga

dat Narichtenblatt

avīze

dat Gemälde

glezna

dat Poster

plakāts

dat Radio

radio

de Opschrievblock

pierakstu blociņš

de Huulbessen

putekļu sūcējs

de Kaktus

kaktuss

de Kars

svece

# de Köök
# virtuve

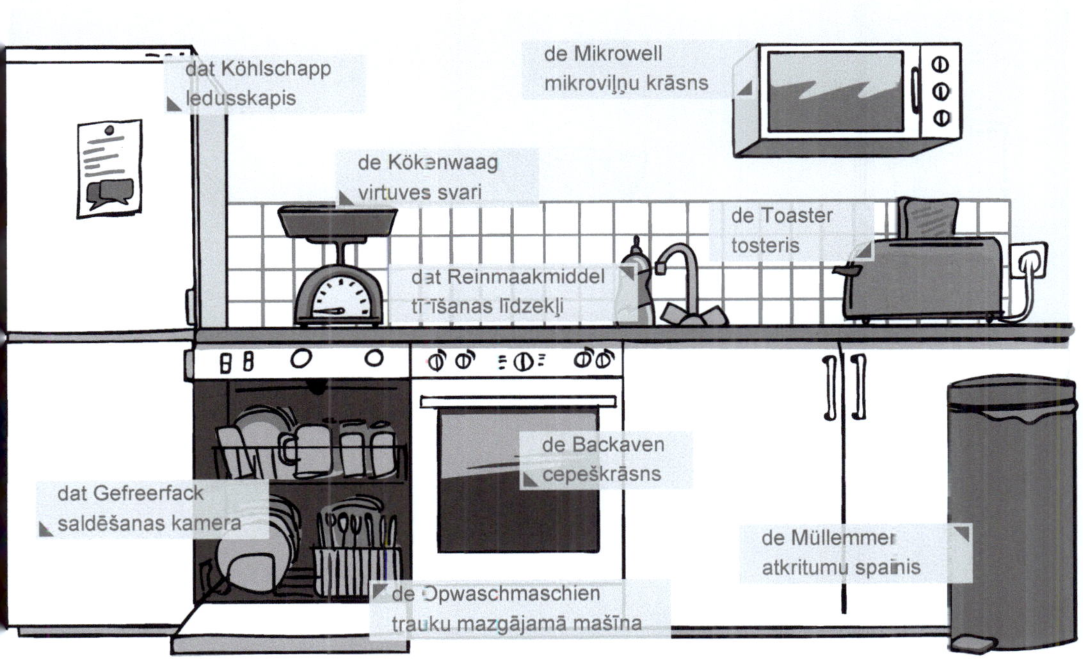
dat Köhlschapp
ledusskapis
de Mikrowell
mikroviļņu krāsns
de Kökenwaag
virtuves svari
de Toaster
tosteris
dat Reinmaakmiddel
tīrīšanas līdzekļi
de Backaven
cepeškrāsns
dat Gefreerfack
saldēšanas kamera
de Müllemmer
atkritumu spainis
de Opwaschmaschien
trauku mazgājamā mašīna

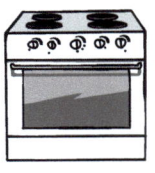

de Heerd

plīts

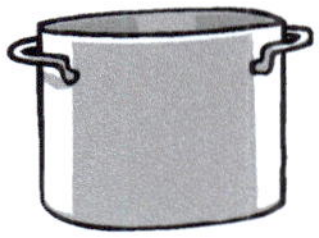

de Pott

pods

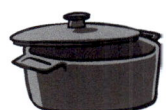

de Gussiesern Pott

katls

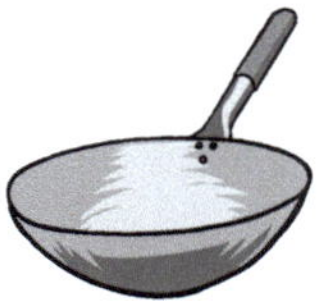

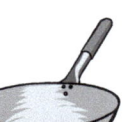

de Wok / Kadai

Wok panna

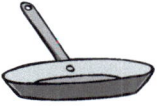

de Pann

panna

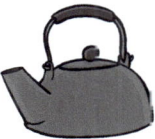

de Waterkaker

elektriskā tējkanna

de Dampkaakputt

tvaika katls

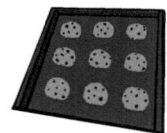

dat Backblick

cepešpanna

dat Geschirr

trauki

de Beker

krūze

de Schaal

bļoda

de Eetsticken

irbulīši

de Suppenkell

kauss

de Pannenwenner

lāpstiņa

de Sneebessen

putošanas slotiņa

dat Kaakseef

sietiņš

dat Seef

siets

de Riev

rīve

de Mörser

piesta

de Grill

grilēt

de Füerstell

atklāts pavards

dat Sniedbrett

dēlis

dat Nudelholt

mīklas rullis

de Proppentrecker

korķu vilķis

de Doos

bundža

de Dosenaapner

konservu nazis

de Pottlappen

virtuves cimdi

dat Waschbecken

izlietne

de Böst

birste

de Swamm

sūklis

de Mixer

mikseris

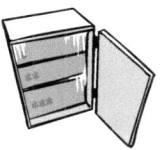

dat Iesschapp

saldētava

de Nuckelbuddel

bērna pudelīte

de Waterhahn

ūdenskrāns

# de Baadstuuv

## vannas istaba

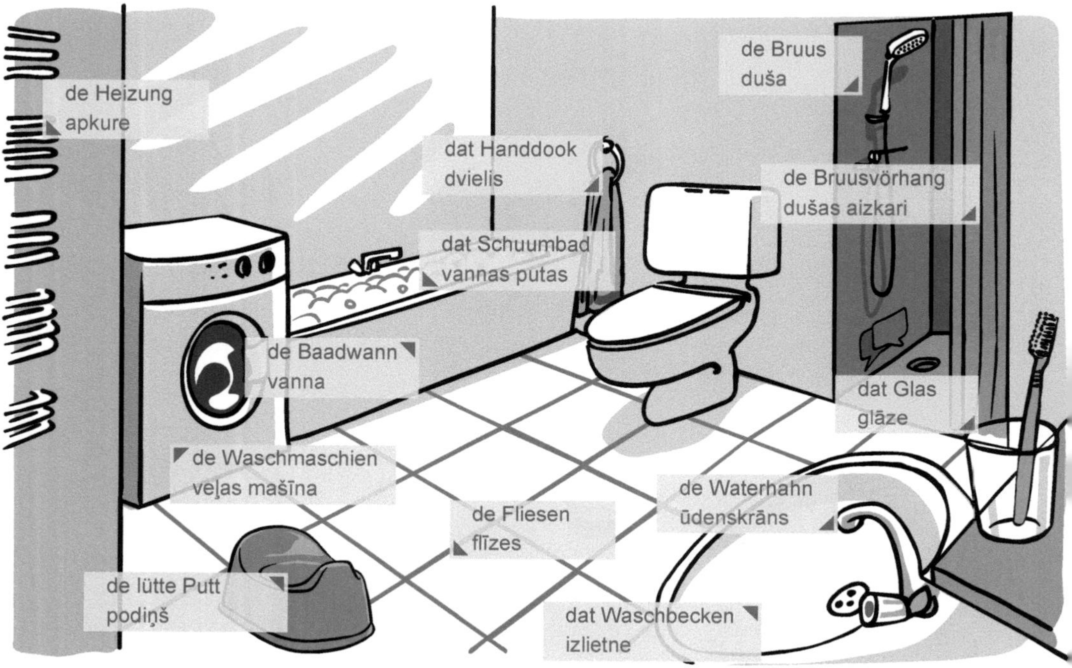
de Heizung
apkure
de Bruus
duša
dat Handdook
dvielis
de Bruusvörhang
dušas aizkari
dat Schuumbad
vannas putas
de Baadwann
vanna
dat Glas
glāze
de Waschmaschien
veļas mašīna
de Waterhahn
ūdenskrāns
de Fliesen
flīzes
de lütte Putt
podiņš
dat Waschbecken
izlietne

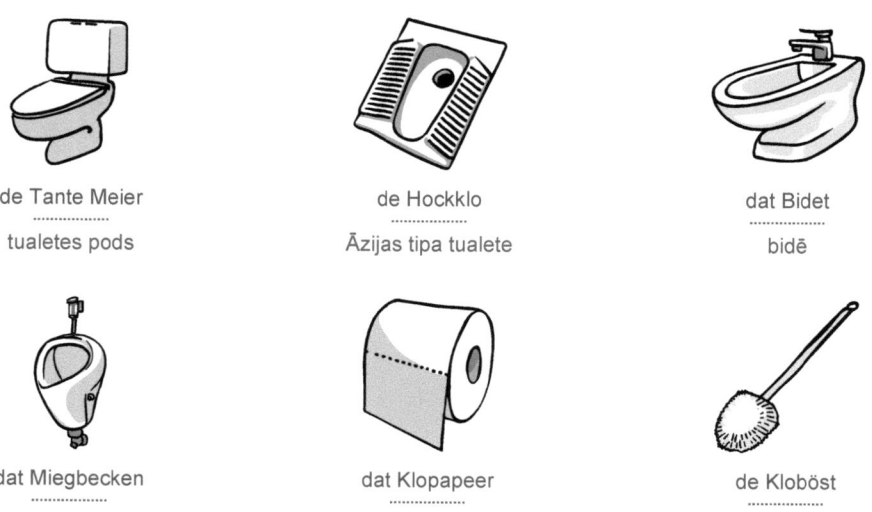

de Tante Meier

tualetes pods

de Hockklo

Āzijas tipa tualete

dat Bidet

bidē

dat Miegbecken

pisuārs

dat Klopapeer

tualetes papīs

de Kloböst

tualetes birste

de Tähnböst

zobu birste

de Tähnpast

zobu pasta

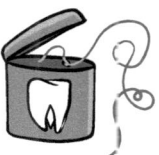

de Tähnsied

zobu diecs

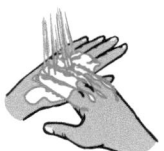

waschen

mazgāt

de Handbruus

rokas duša

de Intimbruus

duša

de Waschschöttel

bļoda

de Rüchböst

mugu~as mazgāšanas birste

de Seep

ziepes

dat Bruusgeel

dušas želeja

dat Hoorwaschmiddel

šampūns

de Waschlappen

mazgāšanas drāna

de Afloop

noteka

de Creme

krēms

dat Deodcrant

dezodorants

de Baadstuuv - vannas istaba

de Spegel

spogulis

de Kosmetikspegel

spogulītis

de Raserer

skuveklis

de Raseerschuum

skūšanās putas

dat Raseerwater

losjons pēc skūšanās

de Kamm

ķemme

de Böst

matu suka

de Hoordröger

matu fēns

dat Hoorspray

matu laka

de Smink

grima komplekts

de Lippensticken

lūpu krāsa

de Nagellack

nagulaka

de Watt

vate

de Nagelscheer

šķērītes

dat Rüükwater

smaržas

de Kulturbüdel

kosmētikas maks

de Schemel

ķeblītis

de Waag

svari

de Baadmantel

halāts

de Gummihanschen

tīrīšanas cimdi

de Tampɔn

tampons

de Damenbinn

pakete

dat Chemieklo

ķīmiskā tualete

# de Kinnerstuuv
# bērnu istaba

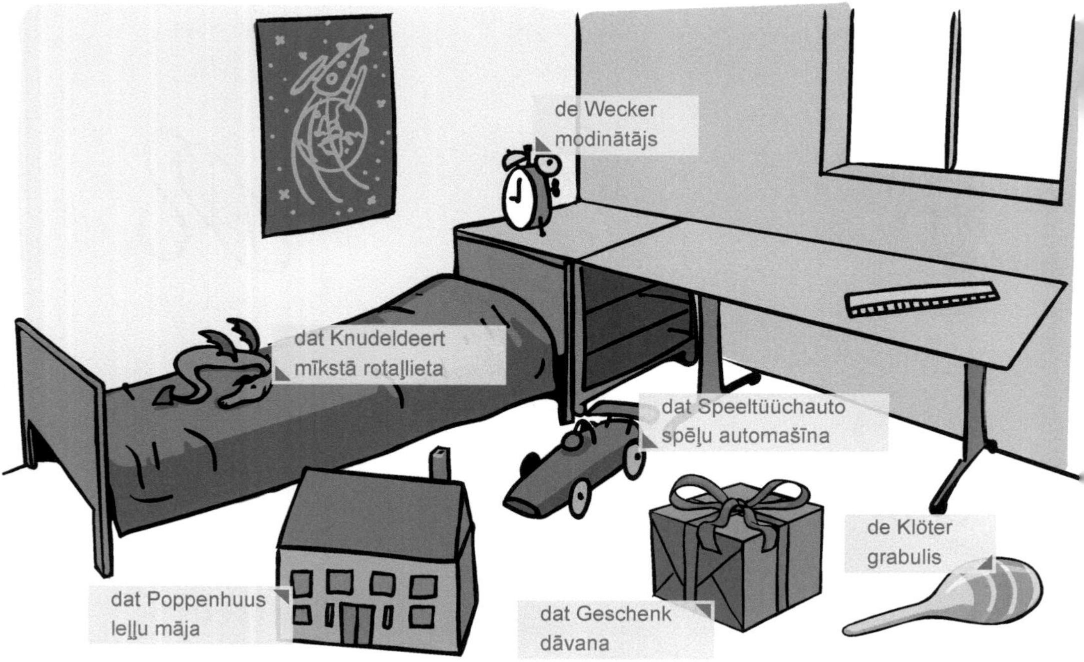
de Wecker
modinātājs
dat Knudeldeert
mīkstā rotaļlieta
dat Speeltüüchauto
spēļu automašīna
de Klöter
grabulis
dat Poppenhuus
leļļu māja
dat Geschenk
dāvana

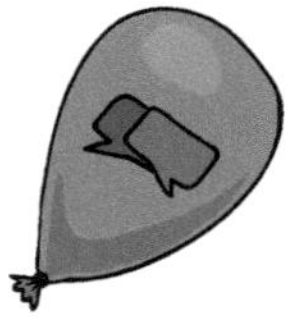

de Luftballon

balons

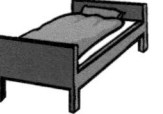

de Puuch

gulta

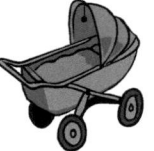

de Kinnerwagen

bērnu ratiņi

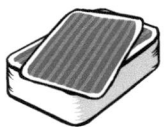

dat Koortenspeel

kārtis

dat Puzzle

puzle

SUPER
MEGA

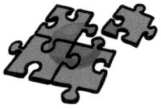

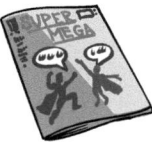

de Billergeschicht

komikss

de Legostenen

LEGO klucīši

de Bustenen

klucīši

de Action-Figur

varoņu figūra

de Strampelantog

rāpulītis

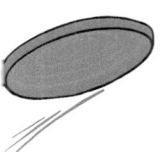

de Frisbeeschiev

idojošais šķīvītis

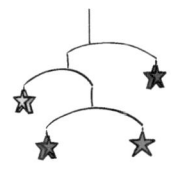

dat Mobile

muzikālais karuselis

dat Brettspeel

galda spēle

de Wörpel

metamais kauliņš

de Modelliesenbahn

rotaļu dzelzceļš

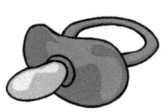

de Snuller

māneklis

de Party

ballīte

dat Billerbook

bilžu grāmata

de Ball

bumba

de Popp

lelle

spelen

spēlēt

de Sandkassen

smilšu kaste

de Schuckel

šūpoles

dat Speeltüüch

rotaļlietas

de Speelkonsool

spēļu konsole

dat Dreerad

trīsritenis

de Teddyboor

plīša lācītis

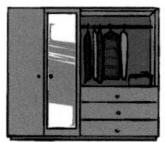

dat Klederschapp

drēbju skapis

## dat Tüüch

## apģērbs

de Socken

īszeķes

de Strümp

zeķes

de Strumpbüx

zeķbikses

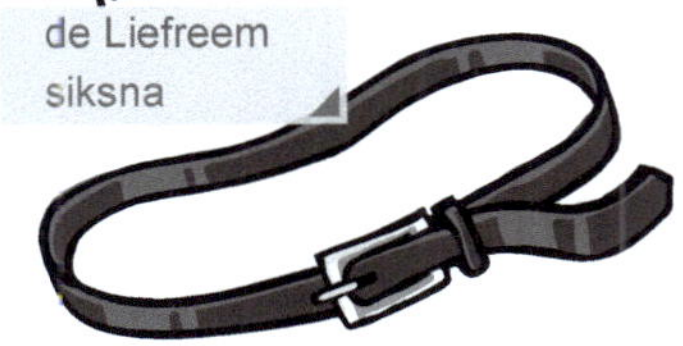

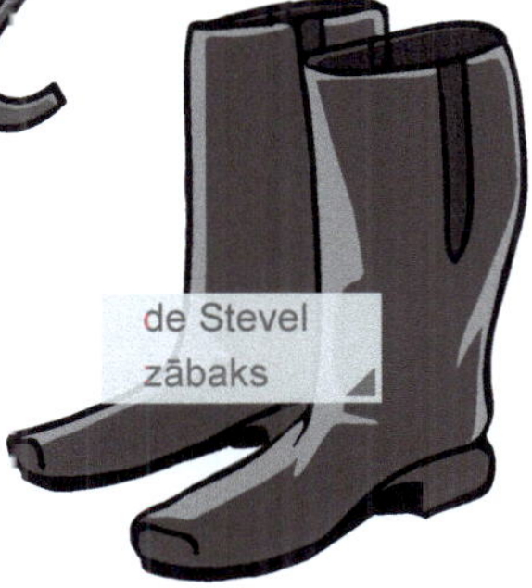

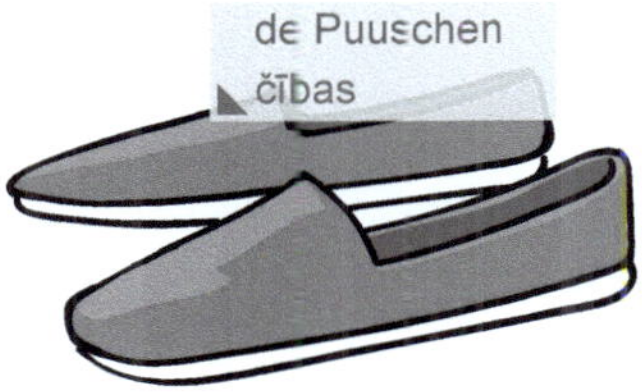

dat Halsdook
šalle

de Paraplü
lietussargs

de Liefreem
siksna

dat T-Shirt
T-krekls

de Stevel
zābaks

de Puuschen
čības

de Turnschoh
botas

de Sandalen
.................
sandales

de Schoh
.................
kurpes

de Gummistevel
.................
gumijas zābaki

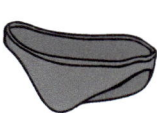

de Ünnerbüx
.................
apakšbikses

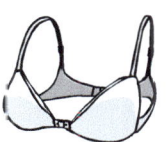

de Bostholler
.................
krūšturis

dat Ünnerhemd
.................
apakškrekls

de Lief

bodijs

de Büx

bikses

de Jeansnüx

džinsi

de Rock

svārki

de Bluus

blūze

dat Hemd

krekls

de Pullover

pulovers

de Kapuzenpullover

džemperis

de Blazer

žakete

de Jack

jaka

de Mantel

mētelis

de Övertrecker

lietus mētelis

dat Kostüm

kostīms

dat Kleed

kleita

dat Hochtietskleed

kāzu kleita

de Antog

uzvalks

dat Nachtkleed

naktskrekls

de Slaapantog

pidžama

de Sari

sari

dat Koppdook

lakats

de Turban

turbāns

de Burka

burka

de Kaftan

kaftāns

de Abaya

abaja

de Baadantog

peldkostīms

de Baadbüx

peldbikses

de Korte Büx

šorti

de Antog to'n Öven

treniņtērps

de Schört

priekšauts

de Handschoh

cimdi

de Knopp

poga

de Brill

brilles

dat Armband

rokassprãdze

de Halskeed

kaklarota

de Ring

gredzens

de Ohrbummel

auskars

de Mütz

cepure

de Klederbögel

drēbju pakaramais

de Hoot

platmale

de Binner

kaklasaite

de Rietslüter

rãvējslēdzējs

de Helm

ķivere

dat Drachtband

bikšturi

de Schooluniform

skolas forma

de Uniform

uniforma

de Severböten
...............
priekšautiņš

de Snuller
...............
māneklis

de Winnel
...............
autiņbiksītes

# dat Büro
## birojs

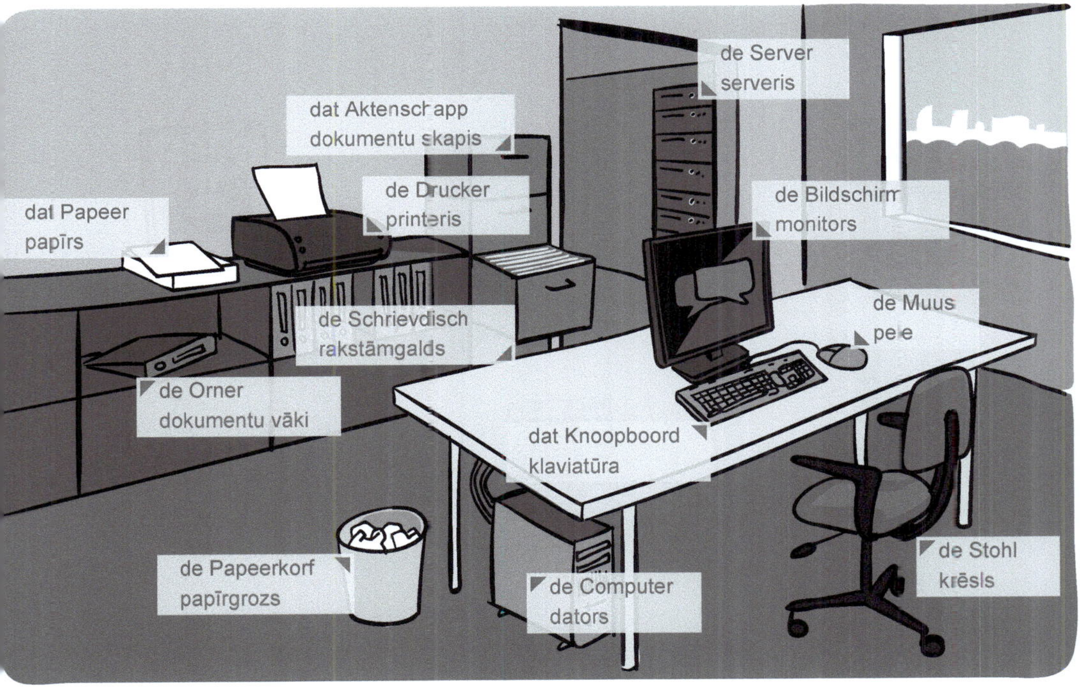

de Server
serveris

dat Aktenschapp
dokumentu skapis

de Drucker
printeris

dat Papeer
papīrs

de Bildschirm
monitors

de Schrievdisch
rakstāmgalds

de Muus
pele

de Orner
dokumentu vāki

dat Knoopboord
klaviatūra

de Papeerkorf
papīrgrozs

de Stohl
krēsls

de Computer
dators

de Koffiebeker
...............
kafijas krūze

de Taschenreekner
...............
kalkulators

dat Internet
...............
internets

de Klappreekner

portatīvais dators

de Breef

vēstule

de Naricht

ziņa

de Ackersnacker

mobilais tālrunis

dat Nettwark

tīkls

de Kopeerapparat

kopētājs

de Software

programmatūra

de Klöönkassen

telefons

de Steekdoos

rozete

de Faxapparat

faksa aparāts

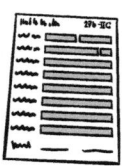

dat Formulor

formulārs

dat Dokument

dokuments

köpen

pirkt

betahlen

samaksāt

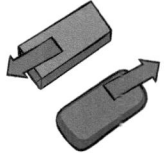

hanneln

tirgot

dat Geld

nauda

de Dollar

dolārs

de Euro

eiro

de Yen

jēna

de Ruvel

rublis

de Swiezer Franken

franks

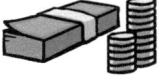

de Renminbi Yuan

juaņa renminbi

de Rupie

rūpija

de Geldautomat

bankomēts

de Wesselstuuv

valūtas maiņas punkts

dat Gold

zelts

dat Sülver

sudrabs

dat Ööl

nafta

de Energie

enerģija

de Pries

cena

de Verdrag

līgums

de Stüer

nodoklis

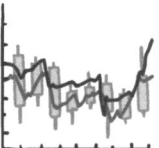

de Andeelschien

akcija

arbeiden

strādāt

de Anstellte

darbinieks

de Arbeitgever

darba devējs

de Fabrik

fabrika

de Hökerie

veikals

# de Profeschonen
## profesijas

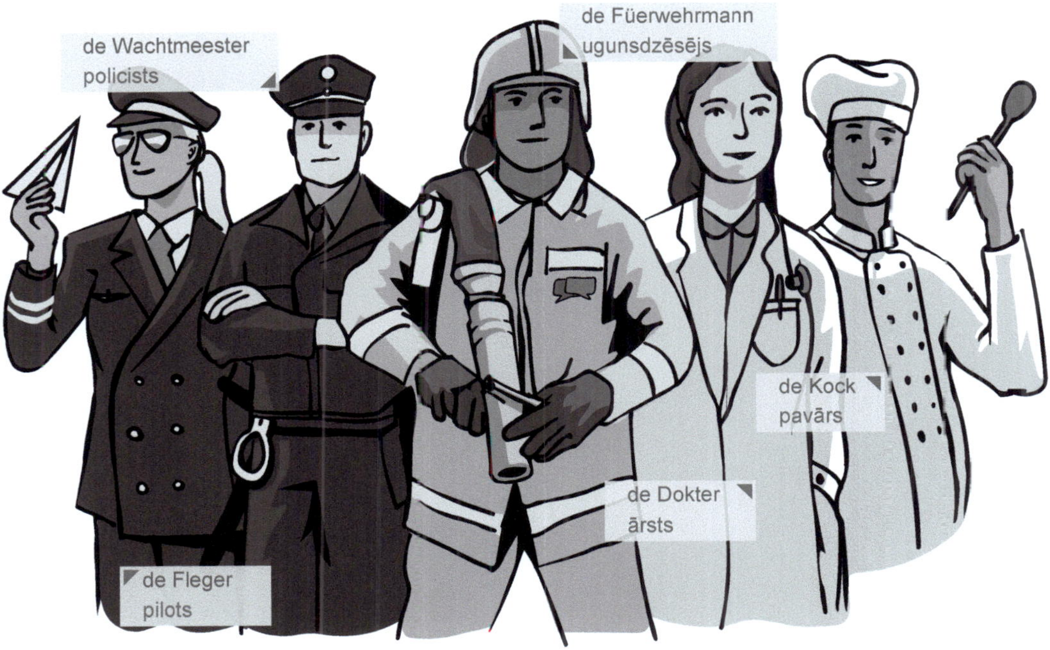
de Wachtmeester
policists
de Füerwehrmann
ugunsdzēsējs
de Kock
pavārs
de Dokter
ārsts
de Fleger
pilots

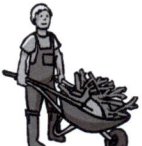

de Goorner

dārznieks

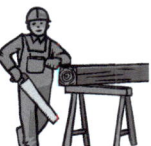

de Discher

galdnieks

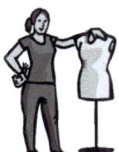

de Neihersche

šuvēja

de Richter

tiesnesis

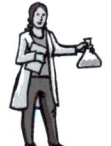

de Chemiker

ķīmiķis

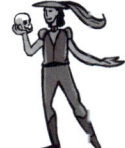

de Schauspeler

aktieris

de Busfohrer

autobusa vadītājs

de Taxifohrer

taksometra vadītājs

de Fischer

zvejnieks

de Reinmaakfru

apkopēja

de Dackdecker

jumiķis

de Kellner

viesmīlis

de Jäger

mednieks

de Maler

gleznotājs

de Bäcker

maiznieks

de Elektriker

elektriķis

de Buarbeider

celtnieks

de Ingenieur

inženieris

de Slachter

miesnieks

de Klempner

skārdnieks

de Postbüdel

pastnieks

de Suldat

karavīrs

de Architekt

arhitekts

de Kasserer

kasieris

de Florist

florists

de Putzbüdel

frizieris

de Schaffrer

konduktors

de Mechaniker

mehāniķis

de Kaptein

kapteinis

de Tähndokter

zobārsts

de Wetenschopler

zinātnieks

de Rabbi

rabīns

de Imam

imāms

de Mönk

mūks

de Paap

mācītājs

# dat Warktüüch
## instrumenti

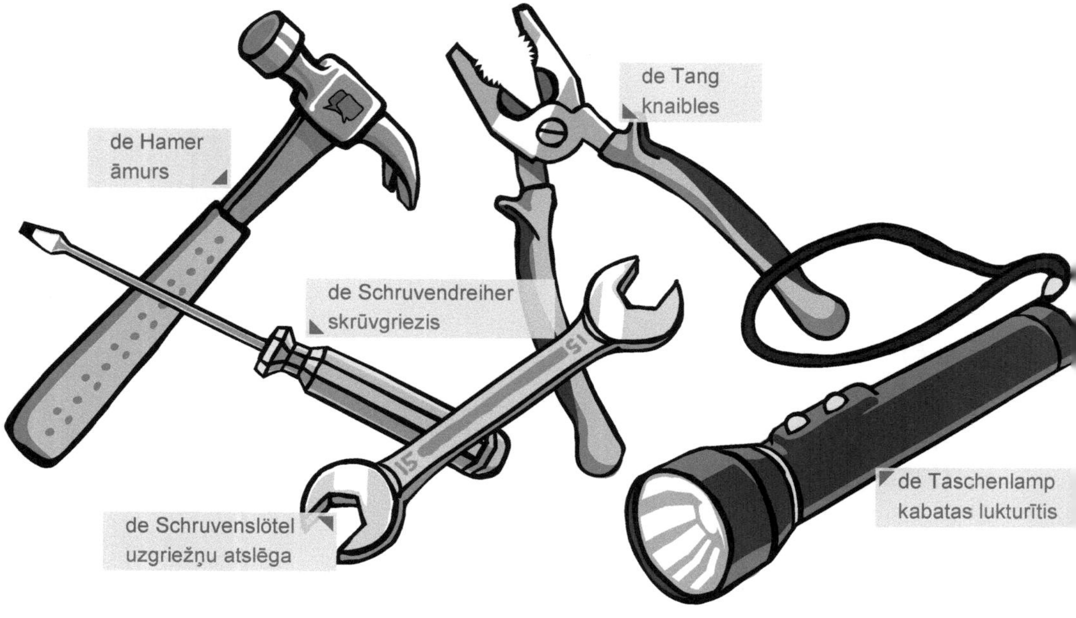
de Hamer
āmurs
de Tang
knaibles
de Schruvendreiher
skrūvgriezis
de Schruvenslötel
uzgriežņu atslēga
de Taschenlamp
kabatas lukturītis

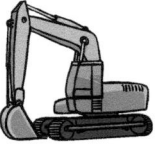

de Grieper

ekskavators

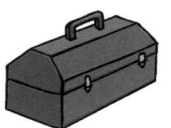

de Warktüüchkassen

instrumentu kaste

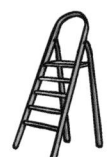

de Ledder

kāpnes

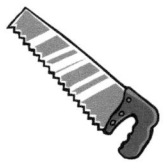

de Saag

zāģis

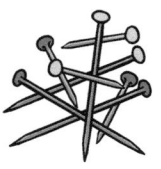

de Nagels

naglas

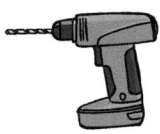

de Bohrer

urbis

heelmaken
remontēt

de Schüffel
lāpsta

Schiet!
Velns!

dat Kehrblick
liekšķere

de Farvpott
krāsas bundža

de Schruven
skrūves

## de Musikinstrumenten
### mūzikas instrumenti

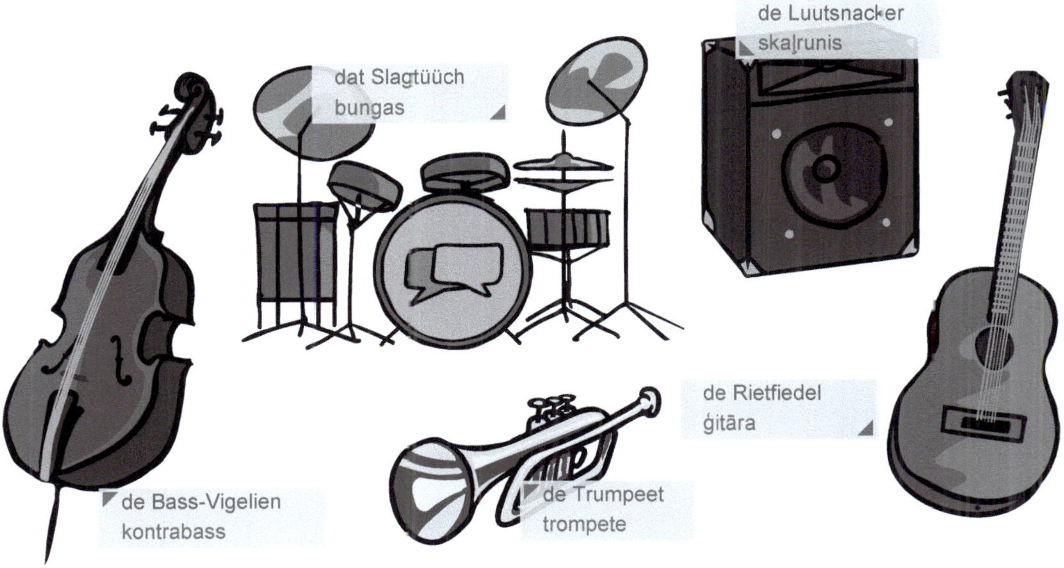

de Luutsnacker
skaļrunis

dat Slagtüüch
bungas

de Rietfiedel
ģitāra

de Bass-Vigelien
kontrabass

de Trumpeet
trompete

dat Klaveer

klavieres

de Vigelien

vijole

de Bass

bass

de Pauk

timpāni

de Trummeln

bungas

dat Keyboard

digitālās klavieres

dat Saxophon

saksofons

de Fleut

flauta

dat Mikrofoon

mikrofons

# de Deertenpark
## zooloģiskais dārzs

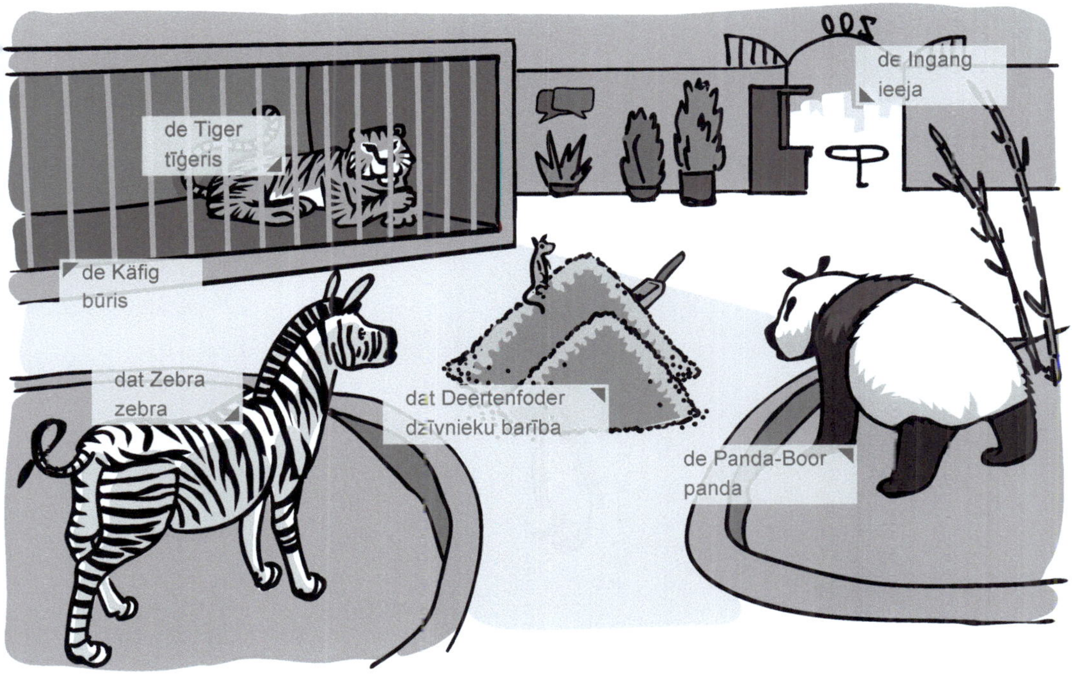
de Ingang
ieeja
de Tiger
tīģeris
de Käfig
būris
dat Zebra
zebra
dat Deertenfoder
dzīvnieku barība
de Panda-Boor
panda

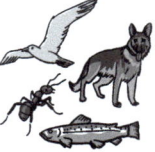

de Deerten

dzīvnieki

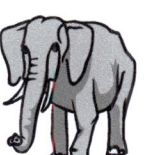

de Elefant

zilonis

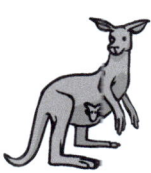

dat Känguru

ķengurs

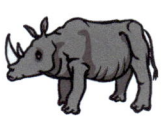

dat Neeshoorn

degunradzis

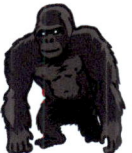

de Gorilla

gorilla

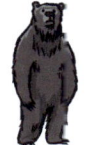

de Boor

lācis

dat Kameel

kamielis

de Struuß

strauss

de Lööv

lauva

de Aap

pērtiķis

de Flamingo

flamings

de Papagoi

papagailis

de Iesboor

polārlācis

de Pinguin

pingvīns

de Haifisch

haizivs

de Pageluun

pāvs

de Slang

čūska

dat Krokodil

krokodils

de Oppasser in'n
Deertenpark
zoodārza sargs

de Saalhund

ronis

de Jaguor

jaguārs

dat Pony

ponijs

de Leopard

leopards

dat Nilpeerd

nīlzirgs

de Giraff

žirafe

de Aadler

ērglis

dat Wildswien

meža cūka

de Fisch

zivs

de Schildkrööt

bruņurupucis

dat Walross

valzirgs

de Voss

lapsa

de Gazell

gazele

de Amerikaansch Football
amerikāņu futbols

dat Radfohren
riteņbraukšana

dat Tennis
teniss

de Korfball
basketbols

dat Swümmen
peldēšana

dat Ieshockey
hokejs

dat Boxen
bokss

de Football
futbols

dat Fedderball
badmintons

de Leichtathletik
vieglatlētika

de Handball
rokas bumba

dat Skilopen
slēpošana

dat Polo
polo

# de Aktivitäten
## darbības

lachen
smieties
springen
lēkt
ümarmen
apskaut
gahn
iet
singen
dziedāt
drömen
sapņot
beden
lūgt
snuteln
skūpstīt


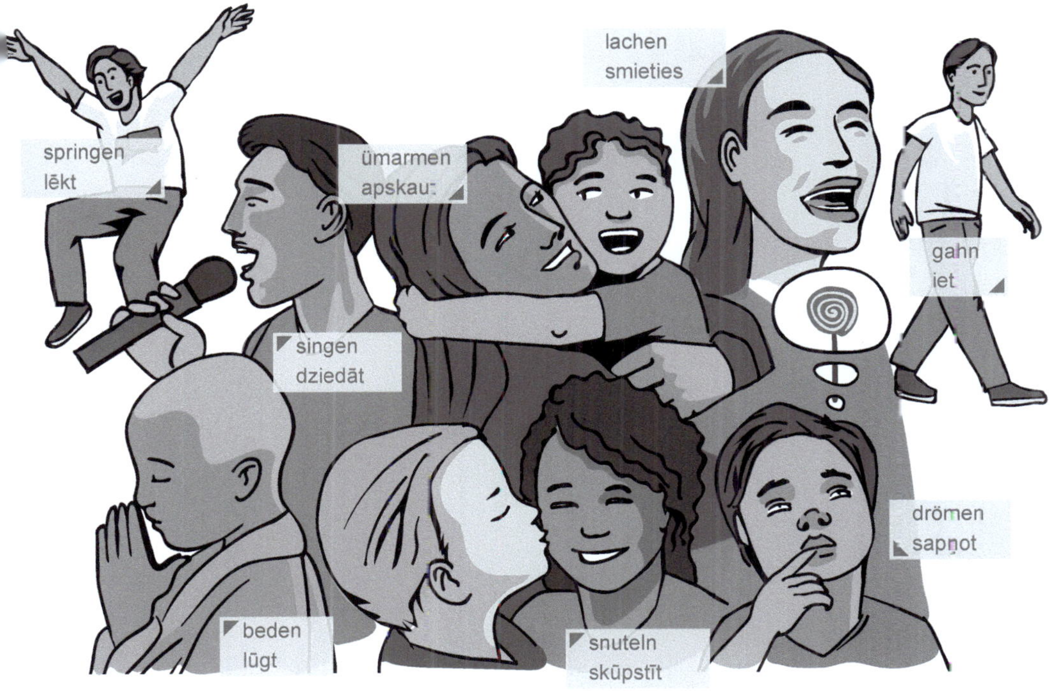

schrieven
.................
rakstīt

teken
.................
zīmēt

wiesen
.................
rādīt

drücken
.................
spiest

geven
.................
dot

nehmen
.................
ņemt

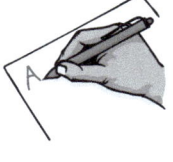

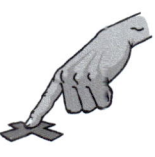

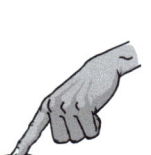

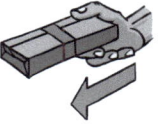

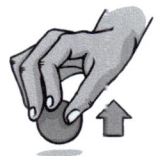

hebben

būt

doon

darīt

sien

būt

stahn

stāvēt

lopen

skriet

trecken

vilkt

smieten

mest

fallen

krist

liggen

gulēt

töven

gaidīt

dregen

nest

sitten

sēdēt

antrecken

uzģērbt

slapen

gulēt

opwaken

pamosties

ankieken

skatīties

wenen

raudāt

eien

glāstīt

kämmen

ķemmēt

snacken

runāt

verstahn

saprast

fragen

jautāt

hören

dzirdēt

drinken

dzert

eten

ēst

oprümen

sakārtot

leefhebben

mīlēt

kaken

vārīt

fohren

braukt

flegen

lidot

segeln

burot

reken

rēķināt

lesen

lasīt

lehren

mācīties

arbeiden

strādāt

de Plünnen tohoopsmieten

precēties

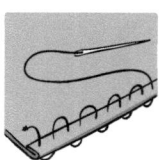

neihen

šūt

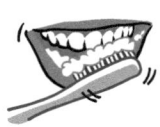

Tähnen putzen

tīrīt zobus

dootmaken

nogalināt

smöken

smēķēt

schicken

sūtīt

# de Familje
## ģimene

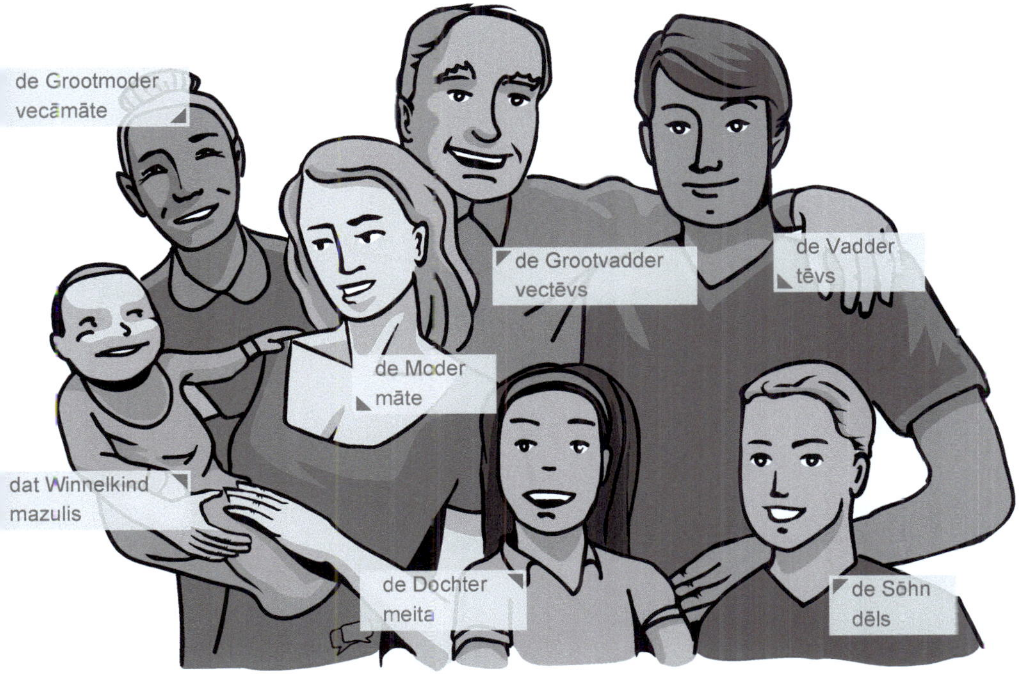
de Grootmoder
vecāmāte
de Grootvadder
vectēvs
de Vadder
tēvs
de Moder
māte
dat Winnelkind
mazulis
de Dochter
meita
de Söhn
dēls

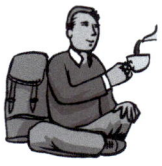

de Gast
viesis

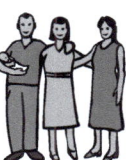

de Tant
tante

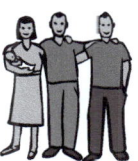

de Unkel
onkulis

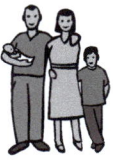

de Broder
brālis

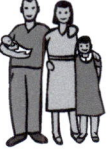

de Süster
māsa

# de Lief

## ķermenis

de Vörkopp
piere
dat Oog
acs
de Schuller
plecs
de Finger
pirksts
dat Gesicht
seja
dat Kinn
zods
de Hand
roka
dat Been
kāja
de Bost
krūtis
de Arm
roka

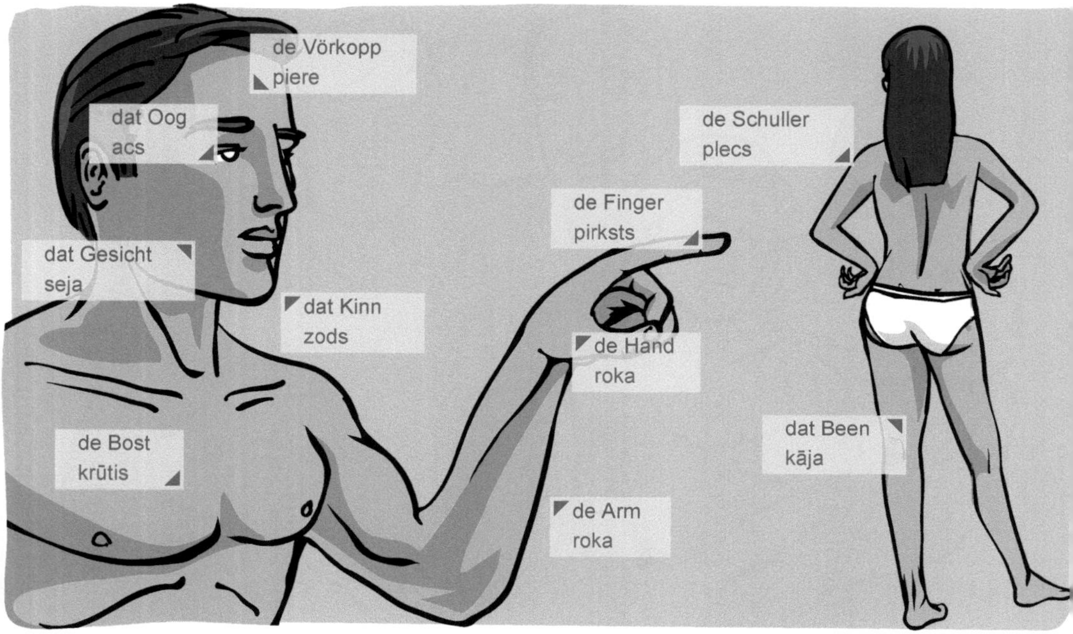

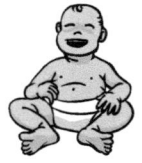

dat Winnelkind

mazulis

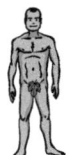

de Mann

vīrietis

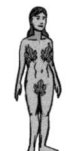

de Fro

sieviete

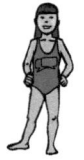

de Deern

meitene

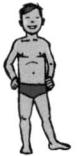

de Jung

zēns

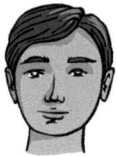

de Arm

galva

de Rüch

mugura

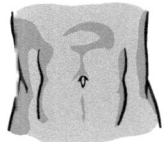

de Buuk

vēders

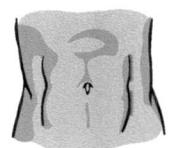

de Navel

naba

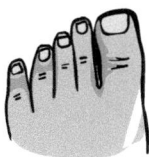

de Teh

kājas pirksts

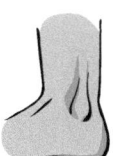

de Hack

papēdis

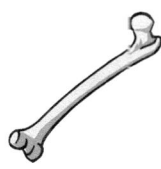

de Knaken

kauls

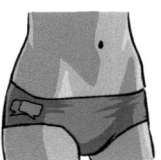

de Hüft

gurns

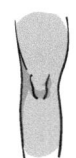

dat Knee

celis

de Ellbagen

elkonis

de Nees

deguns

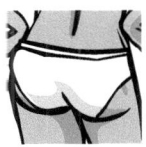

de Achtersen

dibens

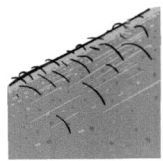

de Huut

āda

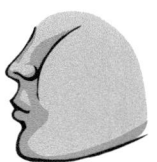

de Back

vaigs

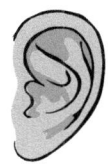

dat Ohr

auss

de Lipp

lūpa

de Lief - ķermenis

de Mund
mute

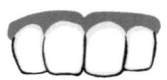

de Tähn
zobs

de Tung
mēle

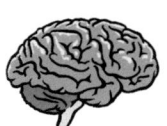

de Bregen
smadzenes

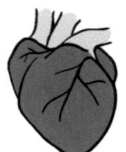

dat Hart
sirds

de Muskel
muskulis

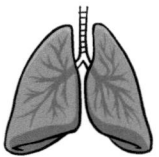

de Lung
plaušas

de Lever
aknas

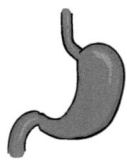

de Maag
kuņģis

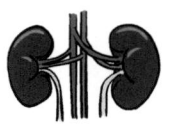

de Neren
nieres

de Bislaap
dzimumakts

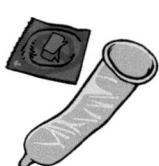

dat Kondoom
kondoms

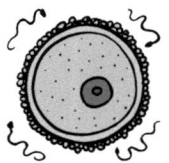

de Eizell
olšūna

dat Sperma
sperma

de Anner Ümstänn
grūtniecība

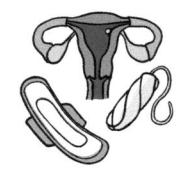

de Menstruatschoon

menstruācijas

de Scheed

vagīna

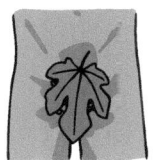

de Pint

penis

de Ogenbroe

uzacs

dat Hoor

mati

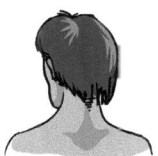

de Hals

kakls

# dat Krankenhuus
## slimnīca

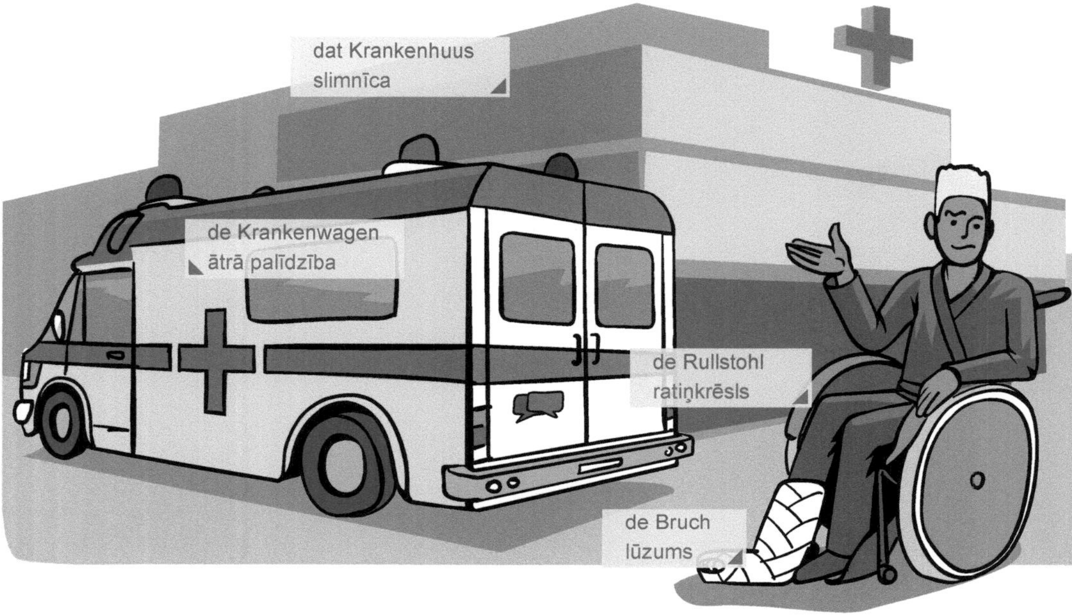

dat Krankenhuus
slimnīca
de Krankenwagen
ātrā palīdzība
de Rullstohl
ratiņkrēsls
de Bruch
lūzums

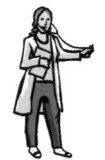

de Dokter

ārsts

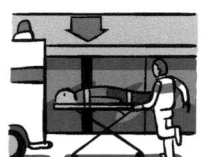

de Nootopnahm

neatliekamās palīdzības nodaļa

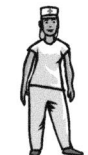

de Krankensüster

medmāsa

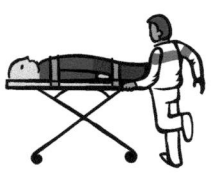

de Nootfall

ārkārtas gadījums

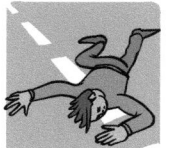

ahnmächtig

paģībis

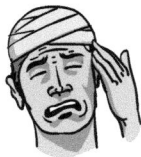

de Wehdaag

sāpes

de Verwunnen

ievainojums

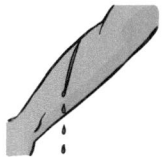

de Blöden

asiņošana

de Hartinfarkt

sirdslēkmə

de Slaganfall

insults

de Allergie

alerģija

de Hoosten

klepus

dat Fever

temperatūra

de Gripp

gripa

de Dörchfall

caureja

de Koppwehdaag

galvassāpes

de Kreeft

vēzis

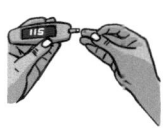

de Zuckersüük

diabēts

de Chirurg

ķirurgs

da: Chirurgsch Mess

skalpelis

de Operatschoon

operācija

dat CT
datortomogrāfija

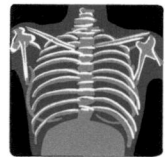

de Dörchlüchten
rentgents

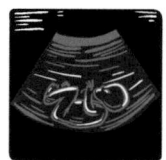

de Ultraschall
ultraskaņa

de Mask
sejas maska

de Krankheit
slimība

de Töövruum
uzgaidāmā telpa

de Krück
kruķis

dat Plaaster
plāksteris

de Verband
apsējs

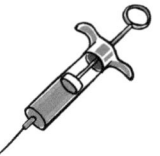

de Insprütten
injekcija

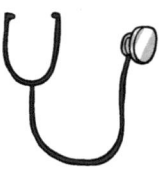

dat Stethoskop
stetoskops

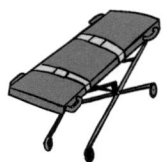

de Draag
nestuves

dat Feverthermometer
termometrs

de Geboort
dzemdības

dat Övergewicht
liekais svars

de Höörapparat

dzirdes aparāts

dat Kiemfriemiddel

dezinfekcijas līdzeklis

de Ansteken

infekcija

de Virus

vīruss

dat HIV / AIDS

HIV / AIDS

dat Heelmicdel

zāles

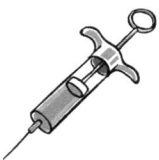

de Impen

pote

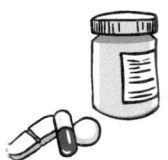

de Tabletten

tabletes

de Pill

pretapaugļošanās tablete

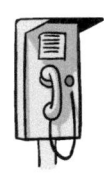

de Nootroop

ārkārtas izsaukums

de Blootdruck-Meter

asinsspiediena mērītājs

krank / gesund

slims / vesels

Hölp!

Palīgā!

de Alarm

trauksme

de Överfall

uzbrukums

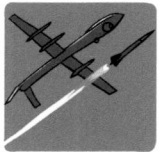

de Angreep

uzbrukums

de Gefohr

bīstamība

de Nootutgang

avārijas izeja

dat Füer!

Uguns!

de Füerlöscher

ugunsdzēšamais aparāts

de Unfall

negadījums

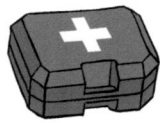

de Noothölpkoffer

pirmās palīdzības aptieciņa

SOS

SOS

de Polizei

policija

Europa

Eiropa

Noordamerika

Ziemeļamerika

Süüdamerika

Dienvidamerika

Afrika

Āfrika

Asien

Āzija

Australien

Austrālija

de Atlantik

Atlantijas okeāns

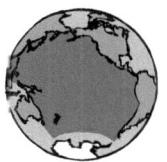

de Pazifik

Klusais okeāns

dat Indisch Weltmeer

Indijas okeāns

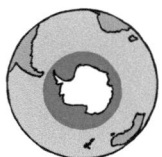

dat Antarktisch Weltmeer

Dienvidu okeāns

dat Arktisch Weltmeer

Ziemeļu ledus okeāns

de Noordpol

Ziemeļpols

de Süüdpol

Dienvidpols

de Antarktis

Antarktika

de Eerd

zeme

dat Land

zeme

de See

jūra

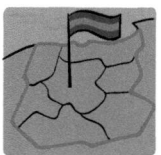

dat Eiland

sala

de Natschoon

nācija

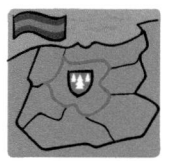

de Staat

valsts

dat Tallenblatt

ciparnīca

de Stunnenwieser

stundu rādītājs

de Minutenwieser

minūšu rādītājs

de Sekunnenwieser

sekunžu rādītājs

Wo laat is dat?

Cik ir pulkstenis?

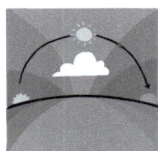

de Dag

diena

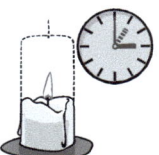

de Tiet

laiks

nu

tagad

de digetaalsch Klock

digitālais pulkstenis

de Minuut

minūte

de Stunn

stunda

# de Week
## nedēļa

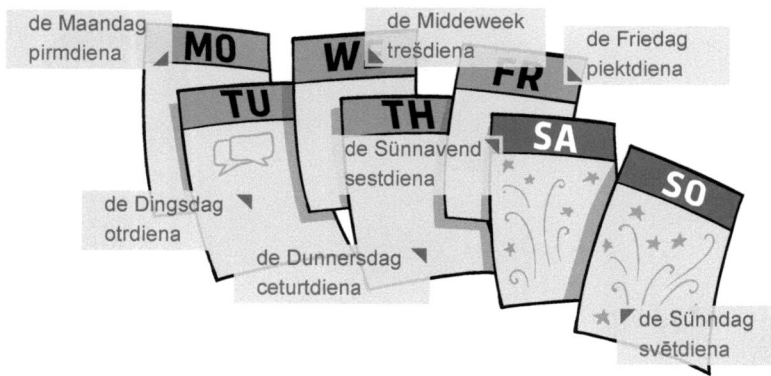

de Maandag — pirmdiena
de Middeweek — trešdiena
de Friedag — piektdiena
de Dingsdag — otrdiena
de Sünnavend — sestdiena
de Dunnersdag — ceturtdiena
de Sünndag — svētdiena

güstern

vakardien

hüüt

šodien

morgen

rītdien

de Morgen

rīts

de Meddag

pusdienlaiks

de Avend

vakars

de Arbeitsdaag

darbadienas

dat Wekenenn

brīvdienas

# dat Johr
## gads

de Regen
lietus
de Regenbagen
varavīksne
de Snee
sniegs
de Wind
vējš
dat Fröhjohr
pavasaris
de Harvst
rudens
de Sommer
vasara
de Winter
ziema

4.APRIL 11°
5.APRIL 4°
6.APRIL 13°
7.APRIL 8°
8.APRIL 10°

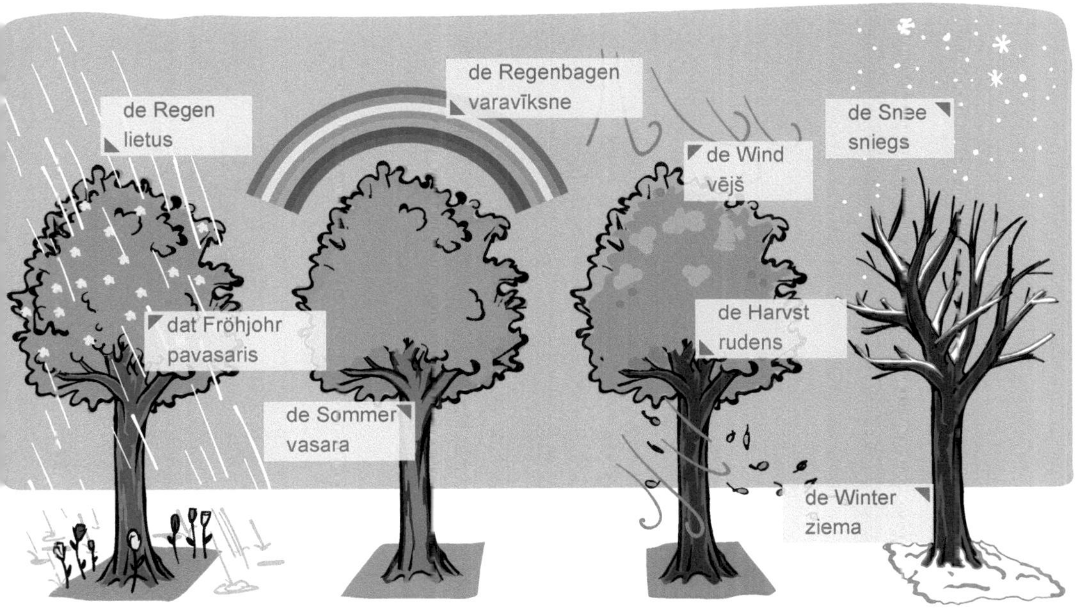

de Wedervörhersaag

laika prognoze

F C
120 40
90 30
60 20
30 10
0 0
-30 -10
-20

dat Thermometer

termometrs

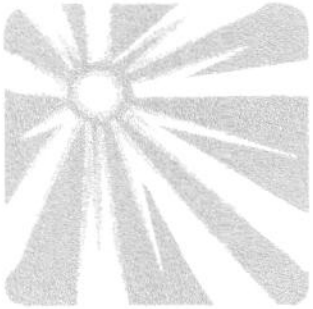

de Sünnenschien

saules gaisma

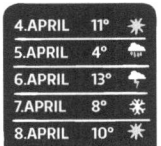

de Wulk

mākonis

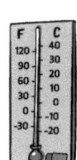

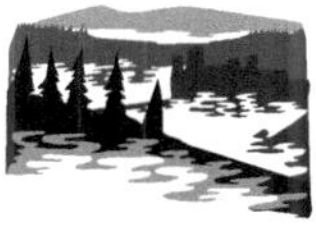

de Nevel

migla

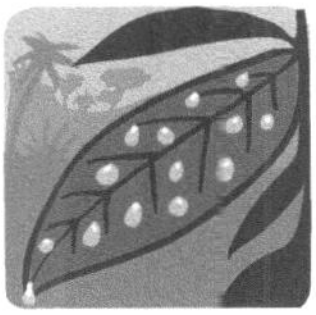

de Luftfuchtigkeit

gaisa mitrums

de Blitz

zibens

de Dunner

pērkons

de Storm

vētra

de Hagel

krusa

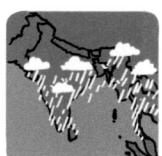

de Monsun

musons

de Floot

plūdi

dat Ies

ledus

de Januormaand

janvāris

de Februormaand

februāris

de Martmaand

marts

de Aprilmaand

aprīlis

de Maimaand

maijs

de Junimaand

jūnijs

de Julimaand

jūlijs

de Augustmaand

augusts

de Septembermaand
.................
septembris

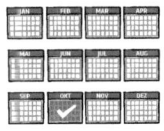

de Oktobermaand
.................
oktobris

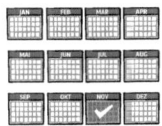

de Novembermaand
.................
novembris

de Dezembermaand
.................
decembris

# de Formen
## formas

de Krink
.................
aplis

dat Quadrat
.................
kvadrāts

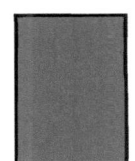

dat Rechteck
.................
četrstūris

dat Dreeeck
.................
trīsstūris

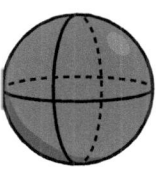

de Kugel
.................
lode

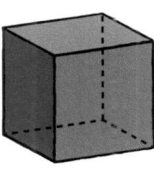

de Wörpel
.................
kubs

witt

balts

geel

dzeltens

orangsch

oranžs

pink

sārts

root

sarkans

lila

lillā

blau

zils

gröön

zaļš

bruun

brūns

gries

pelēks

swart

melns

veel / wenig

daudz / maz

böös / verdreeglich

saniknots / miermīlīgs

smuck / mies

skaists / neglīts

de Begünn / dat Enn

sākums / beigas

groot / lütt

liels / mazs

hell / düüster

gaišs / tumšs

de Broder / de Süster

brālis / māsa

schier / schietig

tīrs / netīrs

kumpleet / nich kumpleet

pilnīgs / nepilnīgs

de Dag / de Nacht

diena / nakts

doot / lebennig

miris / dzīvs

breet / small

plats / šaurs

geneetbor / nich geneetbor

baudāms / nebaudāms

böös / fründlich

nikns / laipns

fickerig / langwielt

satraukts / garlaikots

dick / dünn

resns / tievs

toeerst / toletzt

pirmais /pēdējais

de Fründ / de Fiend

draugs / ienaidnieks

vull / leddig

pilns / tukšs

hart / week

ciets / mīksts

swoor / licht

smags / viegls

de Smacht / de Döst

izsalkums / slāpes

krank / gesund

slims / vesels

nich na't Recht / na't Recht

nelegāls / legāls

klook / dummerhaftig

inteliģents / dumjš

linkerhand / rechterhand

kreisais / labais

neeg / feern

tuvu / tālu

nieg / bruukt

jauns / lietots

nix / wat

nekas / kaut kas

oolt / jung

vecs / jauns

an / ut

ieslēgts / izslēgts

apen / slaten

atvērts / slēgts

lies / luut

kluss / skaļš

riek / arm

bagāts / nabags

richtig / verkehrt

pareizi / nepareizi

ruug / glatt

raupjš / gluds

trurig / glücklich

noskumis / laimīgs

kort / lang

īss / garš

suutje / flink

lēns / ātrs

natt / droög

slapjš / sauss

warm / köhl

silts / vēss

de Krieg / de Freder

karš / miers

| **0** | **1** | **2** |
|---|---|---|
| null | een | twee |
| nulle | viens | divi |

| **3** | **4** | **5** |
|---|---|---|
| dree | veer | fief |
| trīs | četri | pieci |

| **6** | **7** | **8** |
|---|---|---|
| söss | söven | acht |
| seši | septiņi | astoņi |

| **9** | **10** | **11** |
|---|---|---|
| negen | teihn | ölven |
| deviņi | desmit | vienpadsmit |

**12**

twölf

divpadsmit

**13**

dörteihn

trīspadsmit

**14**

veerteihn

četrpadsmit

**15**

föffteihn

piecpadsmit

**16**

sössteihn

sešpadsmit

**17**

söventeihn

septiņpadsmit

**18**

achtteihn

astoņpadsmit

**19**

negenteihn

deviņpadsmit

**20**

twintig

divdesmit

**100**

hunnert

simts

**1.000**

dusend

tūkstotis

**1.000.000**

millior

miljons

dat Engelsch

angļu

dat Amerikaansch Engelsch

amerikāņu angļu

dat Chineesch Mandarin

ķīniešu mandarīnu valoda

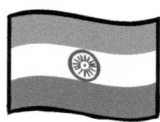

dat Hindi

hindi

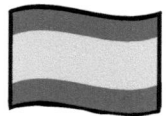

dat Spaansch

spāņu

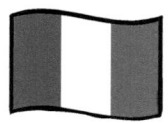

dat Franzöösch

franču

dat Araabsch

arābu

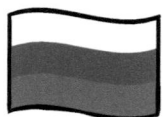

dat Rusch

krievu

dat Portugiesch

portugāļu

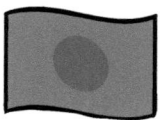

dat Bengaalsch

bengāļu

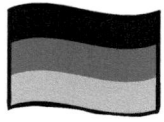

dat Düütsch

vācu

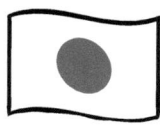

dat Japaansch

japāņu

ik

es

du

tu

♂ ♀ ○

he / se / dat

viņš / viņa

wi

mēs

ji

jūs

se

viņi / viņas

keen?

kas?

wat?

ko?

woans?

kā?

woneem?

kur?

wannehr?

kad?

HELLO, I AM

de Naam

vārds

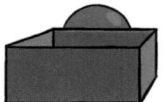

achter

aiz

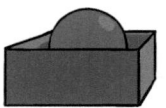

in

iekšā

vör

priekšā

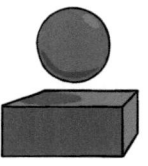

över

virs

op

uz

ünner

zem

blangen

blakus

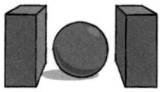

twüschen

starp

de Oort

vieta